小学生核心素养研究

张桂杰◎著

燕山大学出版社
YANSHAN UNIVERSITY PRESS

图书在版编目（CIP）数据

小学生核心素养研究 / 张桂杰著. —秦皇岛：燕山大学出版社，2020.12
ISBN 978-7-5761-0132-4

Ⅰ. ①小… Ⅱ. ①张… Ⅲ. ①小学生—素质教育—研究 Ⅳ. ①G621.6

中国版本图书馆CIP数据核字（2020）第240834号

小学生核心素养研究

张桂杰 著

出 版 人： 陈 玉
责任编辑： 唐 雷
封面设计： 言之凿
出版发行： 燕山大学出版社 YANSHAN UNIVERSITY PRESS
地　　址： 河北省秦皇岛市河北大街西段438号
邮政编码： 066004
电　　话： 0335-8387555
印　　刷： 北京政采印刷服务有限公司
经　　销： 全国新华书店

开　　本： 700mm × 1000mm 1/16　**印　　张：** 13.75　**字　　数：** 248千字
版　　次： 2022年6月第1版　**印　　次：** 2022年6月第1次印刷
书　　号： ISBN 978-7-5761-0132-4
定　　价： 45.00元

目 录

第一章　调研背景

2015年11月3日发布的《中共中央关于制定国民经济和社会发展第十三个五年规划的建议》提出，提高教育质量，全面贯彻党的教育方针，落实立德树人的根本任务，加强社会主义核心价值观教育，培养德智体美全面发展的社会主义建设者和接班人。深化教育改革，把增强学生社会责任感、创新精神、实践能力作为重点任务贯彻到国民教育全过程中。

为了全面贯彻党的教育方针，有效落实全国“十三五”规划“立德树人”的根本任务，践行社会主义核心价值观，真正实现促进学生全面发展，使其成为中国特色社会主义合格建设者和可靠接班人，教育部委托北京师范大学林崇德教授的团队研制了“中国学生发展核心素养”的基本框架。该框架指出，中国学生发展核心素养是学生应具备的、能够适应终身发展和社会发展需要的必备品格和关键能力，包括文化基础、自主发展、社会参与三个领域，综合表现为人文底蕴、科学精神、学会学习、健康生活、责任担当、实践创新六大素养。

为了有效推进学生发展核心素养，山东省教育科学研究院申报并承担了“基于学生发展核心素养的基础教育改革”课题，我区承担的“基于学生核心素养发展的小学品生品社教学改革研究”子课题旨在通过深化基础教育改革，寻找促进学生核心素养发展的有效途径和方法。

我国自2001年开始了又一轮基础教育课程改革，山东省本着“早改革，早受益”的思想，成功第一批进入教育改革的试验区。山东省在这些年的教育改革与发展中收获颇丰，学生的素质和能力得到了很大提升，也探索和积累了比较丰富的实践经验。要进入以核心素养发展为标志的进一步的教育改革阶段，我们需要充分分析当前山东省小学生及小学教师核心素养的发展现状，了解山东省当前小学教学中，有哪些有利于核心素养发展的教学行为及哪些不利于学生核心素养发展的方面。权衡利弊，寻找下一步教育改革的起点和切入点，以保障后续教育改革举措的针对性和有效性。

第二章　调研的设计和过程

一、调研的目的和任务

基于以上调研背景的分析，本次调研的目的是调查山东省小学生核心素养的现状，以及教师对核心素养的理解及其在教学中有意识地促进学生核心素养发展的教学表现。为了达成以上调研目的，本次调研的主要任务包括以下几个方面。

1. 开发测查工具

核心素养被提出后，查找相关资料并没有发现现成的测查工具可以拿来为我所用。因此本次调研的一个重要前提是，基于研究，设计开发相关的测查工具。本次调研需要的测查工具包括两套问卷：一套学生发展核心素养调查问卷，主要测查学生的核心素养发展水平；一套教师发展核心素养调查问卷，主要测查教师的核心素养发展水平及其教学行为。

2. 分析山东省小学生发展核心素养的水平

中国学生发展核心素养是面向幼儿园、小学、初中、高中、大学等各个学段的学生的，且不同学段学生发展核心素养的水平也不尽相同，培养策略也有一定差异。根据我们教育教学的阶段——小学，充分了解一至六年级学生核心素养的发展水平，既能真实客观地帮助我们把握当前小学阶段学生核心素养的发展现状，也可以帮助我们了解小学学段学生核心素养的发展趋势或规律。本次调研主要是通过问卷调查，了解小学学段学生的核心素养发展水平和发展现状。

3. 分析山东省小学道德与法治专兼职教师核心素养的发展情况

教师核心素养的发展情况必然会对学生核心素养的发展具有重要影响，尤其是道德与法治教师的核心素养影响并决定着学生核心素养的发展。因此有必要对山东省道德与法治专兼职教师的核心素养发展情况做一个简单了解，为后面的培训或教学改进提供参考。本次调研主要通过教师问卷，选择小学专兼职、不同性别、不同教龄、不同职称、不同任教年级的教师作为调研对象，初步了解其核心素养发展情况。

二、调研工具的设计

开展本次调研使用了两套工具（见附录）——两套调查问卷。这两套工具的调查目的见表2–1。

表2–1　调研使用的工具信息

类型	调查问卷（两套）	
对象	学生	教师
目的	测查学生的核心素养发展水平和学科核心素养	了解教师核心素养的水平及其教学行为

本次调研所用的两套工具的开发的具体步骤如下。

（1）明确核心素养的内涵、明确品德与生活（品德与社会）课程标准和山东省德育课程一体化的共同点

在开发工具之前，首先根据最新发布的《中国学生发展核心素养》，从文化基础、自主发展和社会参与三个方面，对六个核心素养以及十八条基本要点进行解读，以理解和明确十八条基本要点的主要表现描述，学习梳理品德与生活（品德与社会）课程标准和山东省德育课程一体化的共同点。

（2）设计问卷项目

结合调研机构对核心素养各要点的基本理解，对品德与生活（品德与社会）课程标准和山东省德育课程一体化的梳理，我们针对每个基本要点开发了3～6个相应的项目，保证每个基本要点有3个以上的项目，并尽可能覆盖各要点

的主要表现描述。最后将项目组合成问卷。

（3）问卷效度的初步检验

请各地市教学论的研究专家、道德与法治教研员、道德与法治高级教师对开发的项目所测评的核心素养、项目的表述方式等进行检验，确保问卷设计的内容效度和专家效度。

（4）进行预试，修正调查问卷

应用初步形成的预试问卷，通过网络问卷的形式进行测试。回收有效学生问卷202050份，有效教师问卷19725份。对这些问卷的结果进行初步分析。根据学生和教师的作答情况，进一步修正问卷，并再次交付专家讨论，最终修订确定正式测查工具。

三、调研样本信息

1. 调研样本的抽取

本次调研样本来自山东省16个地市，尽可能全面覆盖山东省各个地方的农村小学和城区小学，以保证样本具有足够的代表性。抽样方式采用整群抽样。学生样本涉及16个地市各个区县的农村小学和城区小学的一至六年级学生。由于一至三年级学生年龄较小，可能对问卷表述内容理解不是非常清晰，因此问卷填答过程中，由教师把被调查的学生带到微机室进行读题以帮助其完成问卷调查；为不给学生及学生家长增加问卷负担，要求将四至六年级学生带到微机室，利用微机课进行问卷。教师样本主要来自学生样本所对应的地区和学校的教师，这有效保证了师生样本的对应关系，从而为后面师生对比分析奠定了基础。

2. 调研有效样本的分布情况

施测后，根据作答情况，首先剔除空答、规律作答等明显的无效问卷，然后根据测试题，进一步剔除无效问卷。学生和教师核心素养测查问卷测查的有效样本统计情况见表2–2、表2–3。

表2–2 各年级学生分布情况表

年级	性别		总计（人）
	男生（人）	女生（人）	
1	18721	17374	36095
2	17904	16574	34478
3	17833	16466	34299
4	17947	16806	34753
5	18519	17454	35973
6	13273	13179	26452
总计	104197	97853	202050

表2–3 教师分布情况表

项目		性别		总计（人）
		男（人）	女（人）	
所教年级	1	690	2803	3493
	2	767	2699	3466
	3	968	2669	3637
	4	902	2422	3324
	5	848	2316	3164
	6	738	1903	2641
总计		4913	14812	19725
职称	试用期	298	2367	2665
	初级	411	1919	2330
	二级	1171	5193	6364
	一级	2395	4393	6788
	高级	638	940	1578
总计		4913	14812	19725

续 表

项目		性别		总计（人）
		男（人）	女（人）	
教龄	0～3年	522	4158	4680
	4～10年	589	3190	3779
	11～20年	770	2817	3587
	20年以上	3032	4647	7679
总计		4913	14812	19725

四、调研实施过程

根据研究目的选定抽取的样本后，采用网络问卷调查的方法，将测查网址转发给受测者，请受测者选择合适的时间在微机室完成网络问卷。

五、数据分析的方法

本调研从网上下载全部调查数据后，采用SPSS20.0软件对数据进行分析。

第三章　山东省小学生核心素养发展现状分析

一、山东省小学生六大核心素养发展的总体表现分析

对于山东省小学生在六大核心素养上的总体发展情况，我们根据学生问卷调查数据进行统计分析。另外，在教师问卷中也设计了部分题目，让教师对学生的核心素养发展情况进行评价，以在此基础上进行的统计分析作为补充，以辅助反映小学生六大核心素养的发展水平。

对于所测查的有效学生样本人文底蕴、科学精神、学会学习、健康生活、责任担当、实践创新六大核心素养的表现情况的分析结果见表3–1。

表3–1　小学生六大核心素养的总体表现

核心素养	平均值	标准差
人文底蕴	31.81	3.433
科学精神	33.05	3.896
学会学习	40.60	4.571
健康生活	43.94	4.103
责任担当	56.01	5.504
实践创新	26.45	3.246

根据上表可以看出，山东省小学生在六大核心素养上的得分情况，人文底蕴为31.81分，科学精神为33.05分，学会学习为40.60分，健康生活为43.94分，责任担当为56.01分，实践创新为26.45分。由于每个核心素养包含的题目数量不同，为了方便比较，对其求出均值，具体情况见表3–2，如图3–1所示。

表3–2　小学生六大核心素养的总体表现（均值）

核心素养	平均值	标准差
人文底蕴	4.5734	0.4712
科学精神	4.1317	0.4870
学会学习	4.5106	0.5079
健康生活	4.3936	0.4103
责任担当	4.6671	0.4587
实践创新	4.4076	0.5410

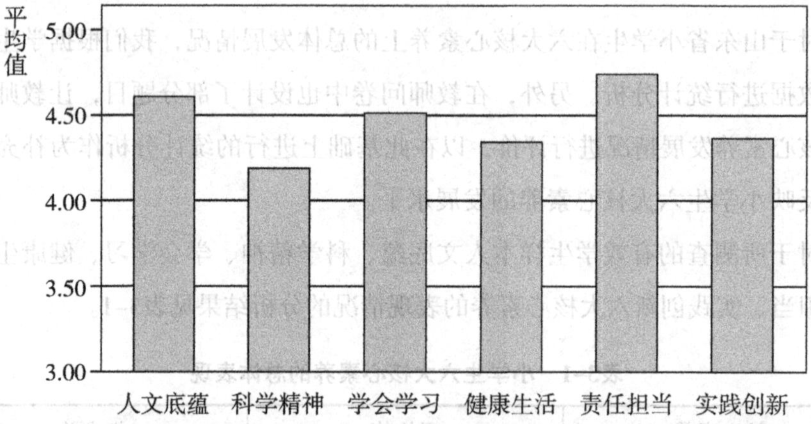

图3–1　小学生六大核心素养的总体表现

根据以上图表数据，我们可以看出，小学生在六大核心素养上的表现并不均衡。其中，责任担当这一核心素养表现最好（均值为4.6671分），科学精神这一核心素养表现最差（均值为4.1317分），其他核心素养的表现均值分别为：人文底蕴4.5734分，学会学习4.5106分，健康生活4.3936分，实践创新4.4076分。

二、各类学生六大核心素养发展情况的比较分析

1. 性别比较

全体男、女学生样本人文底蕴、科学精神、学会学习、健康生活、责任担当、实践创新六个核心素养的表现情况见表3–3。

表3–3　不同性别小学生六大核心素养上的表现水平

性别		人文底蕴	科学精神	学会学习	健康生活	责任担当	实践创新
男	平均值	31.72	33.09	40.39	43.75	55.83	26.35
	标准差	3.551	3.928	4.709	4.200	5.702	3.287
女	平均值	31.91	33.02	40.81	44.13	56.19	26.55
	标准差	3.300	3.861	4.410	3.986	5.280	3.199
总计	平均值	31.82	33.06	40.60	43.94	56.01	26.45
	标准差	3.426	3.895	4.560	4.093	5.491	3.243

由于每个核心素养包含的题目数量不同，为了方便比较，对其求出均值，具体情况见表3–4，如图3–2所示。

表3–4　不同性别小学生六大核心素养的表现水平（均值）

性别		人文底蕴	科学精神	学会学习	健康生活	责任担当	实践创新
男	平均值	4.5612	4.1362	4.4878	4.3751	4.6528	4.3909
	标准差	0.4878	0.4910	0.5232	0.4200	0.4751	0.5479
女	平均值	4.5864	4.1270	4.5350	4.4132	4.6824	4.4253
	标准差	0.4524	0.4826	0.4900	0.3986	0.4400	0.5331
总计	平均值	4.5738	4.1316	4.5114	4.3942	4.6676	4.4081
	标准差	0.4701	0.4868	0.5066	0.4093	0.4576	0.5405

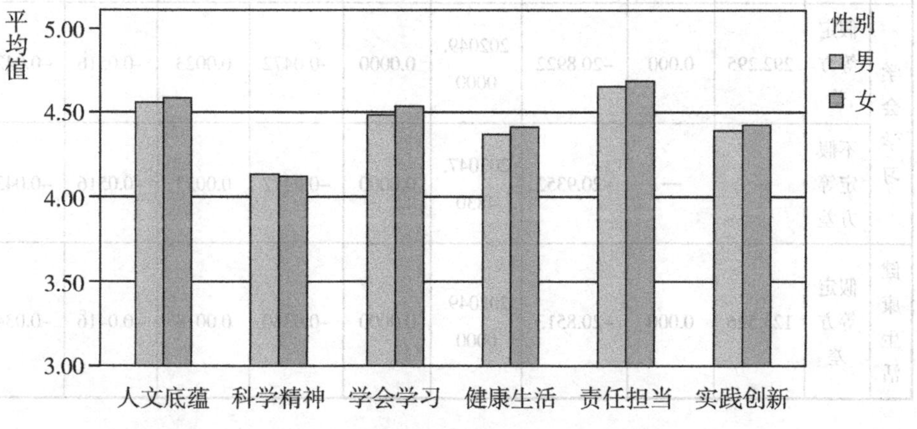

图3–2　不同性别小学生六大核心素养的表现水平

通过表3–4、图3–2我们可以看出，不同性别的学生各核心素养的表现情况与总体相同，即在责任担当和人文底蕴上的表现较好，在科学精神上的表现最差。从不同性别的学生之间的比较来看，除了科学精神核心素养男生比女生表现好之外，在其他五大核心素养上，女生的表现均好于男生。

进一步对不同性别学生六大核心素养的表现进行差异检验，结果见表3–5。

表3–5　不同性别小学生六大核心素养表现的方差分析

核心素养	差异值类型	莱文方差等同性检验		平均值等同性 *t* 检验						
		F	显著性	*t*	自由度	显著性（双尾）	平均值差值	标准误差差值	差值95%置信区间 下限	差值95%置信区间 上限
人文底蕴	假定等方差	289.957	0.000	–11.9882	202049.0000	0.0000	–0.0251	0.0021	–0.0292	–0.0210
	不假定等方差	—	—	–12.0166	202016.6832	0.0000	–0.0251	0.0021	–0.0292	–0.0210
科学精神	假定等方差	5.518	0.019	4.2625	202049.0000	0.0000	0.0092	0.0022	0.0050	0.0135
	不假定等方差	—	—	4.2648	201632.1706	0.0000	0.0092	0.0022	0.0050	0.0135
学会学习	假定等方差	292.295	0.000	–20.8922	202049.0000	0.0000	–0.0472	0.0023	–0.0516	–0.0428
	不假定等方差	—	—	–20.9352	202047.4830	0.0000	–0.0472	0.0023	–0.0516	–0.0428
健康生活	假定等方差	123.526	0.000	–20.8513	202049.0000	0.0000	–0.0380	0.0018	–0.0416	–0.0345

续 表

核心素养	差异值类型	莱文方差等同性检验		平均值等同性 t 检验						
		F	显著性	t	自由度	显著性（双尾）	平均值差值	标准误差差值	差值95%置信区间	
									下限	上限
健康生活	不假定等方差	—	—	−20.8856	202026.7549	0.0000	−0.0380	0.0018	−0.0416	−0.0345
责任担当	假定等方差	355.116	0.000	−14.5050	202049.0000	0.0000	−0.0296	0.0020	−0.0336	−0.0256
	不假定等方差	—	—	−14.5399	202008.9471	0.0000	−0.0296	0.0020	−0.0336	−0.0256
实践创新	假定等方差	8.514	0.004	−14.2753	202049.0000	0.0000	−0.0344	0.0024	−0.0391	−0.0296
	不假定等方差	—	—	−14.2876	201795.1419	0.0000	−0.0344	0.0024	−0.0391	−0.0297

通过差异性检验，我们可以看出山东省小学生在科学精神这一核心素养上，男生的表现要比女生的表现好，在其余五大核心素养上，女生的表现均比男生要好，且都达到了统计学意义上的显著性水平。

2. 年级比较

不同年级学生样本人文底蕴、科学精神、学会学习、健康生活、责任担当、实践创新六个核心素养的表现情况见表3–6。

表3–6　不同年级小学生六大核心素养的表现

年级		人文底蕴	科学精神	学会学习	健康生活	责任担当	实践创新
1年级	平均值	31.65	32.88	40.44	43.90	55.69	26.06
	标准差	3.425	3.789	4.565	4.026	5.534	3.242

续 表

年级		人文底蕴	科学精神	学会学习	健康生活	责任担当	实践创新
2年级	平均值	31.67	32.85	40.48	43.86	55.70	26.25
	标准差	3.429	3.825	4.552	4.077	5.541	3.224
3年级	平均值	31.47	32.60	40.27	43.68	55.59	26.20
	标准差	3.575	3.990	4.700	4.214	5.694	3.349
4年级	平均值	31.72	32.90	40.51	43.84	55.99	26.51
	标准差	3.496	4.021	4.648	4.119	5.533	3.284
5年级	平均值	32.11	33.44	40.92	44.16	56.47	26.83
	标准差	3.292	3.826	4.458	4.047	5.296	3.129
6年级	平均值	32.39	33.82	41.04	44.23	56.74	26.94
	标准差	3.260	3.779	4.427	4.114	5.281	3.129
总计	平均值	31.81	33.05	40.60	43.94	56.01	26.45
	标准差	3.433	3.896	4.571	4.103	5.504	3.246

由于每个核心素养包含的题目数量不同，为了方便比较，对其求出均值，具体情况见表3-7，如图3-3所示。

表3-7　不同年级小学生六大核心素养的表现（均值）

年级		人文底蕴	科学精神	学会学习	健康生活	责任担当	实践创新
1年级	平均值	4.5522	4.1103	4.4936	4.3896	4.6412	4.3435
	标准差	0.4698	0.4737	0.5072	0.4026	0.4611	0.5404
2年级	平均值	4.5547	4.1058	4.4979	4.3862	4.6418	4.3743
	标准差	0.4703	0.4781	0.5057	0.4077	0.4618	0.5373
3年级	平均值	4.5260	4.0747	4.4748	4.3678	4.6329	4.3659
	标准差	0.4923	0.4987	0.5222	0.4214	0.4745	0.5581
4年级	平均值	4.5609	4.1122	4.5011	4.3841	4.6662	4.4191
	标准差	0.4794	0.5026	0.5165	0.4119	0.4611	0.5474
5年级	平均值	4.6132	4.1806	4.5468	4.4163	4.7061	4.4712
	标准差	0.4514	0.4782	0.4953	0.4047	0.4414	0.5215

续表

年级		人文底蕴	科学精神	学会学习	健康生活	责任担当	实践创新
6年级	平均值	4.6505	4.2278	4.5602	4.4234	4.7280	4.4908
	标准差	0.4481	0.4724	0.4919	0.4114	0.4400	0.5215
总计	平均值	4.5734	4.1317	4.5106	4.3936	4.6671	4.4076
	标准差	0.4712	0.4870	0.5079	0.4103	0.4587	0.5410

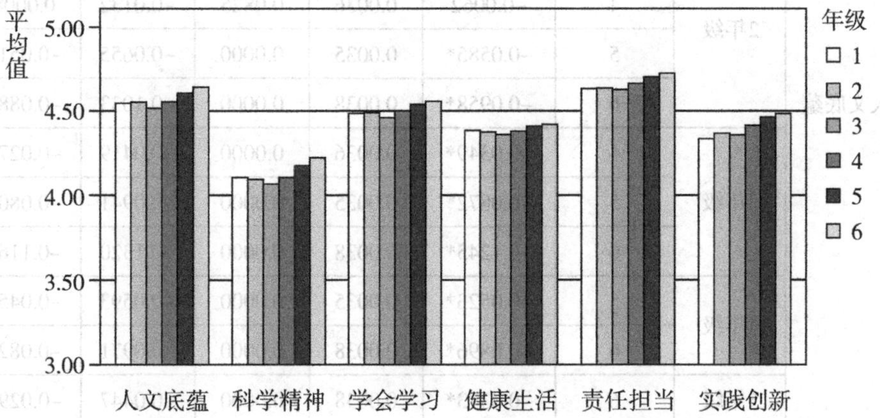

图3-3　不同年级小学生六大核心素养的表现

通过以上图表我们可以看出，不同年级的学生各核心素养的表现情况与总体相同，即在责任担当和人文底蕴上的表现较好，在科学精神上的表现最差。从不同年级的学生之间的比较来看，在总体趋势上，小学生在六大核心素养上的分数随着年级的升高而升高，但其中三年级的表现相对较差。

进一步对不同年级学生六大核心素养的表现差异进行差异检验，结果见表3-8～表3-13。

表3-8　不同年级学生人文底蕴核心素养表现的方差分析

因变量	（I）所教年级	（J）所教年级	平均值差值（I-J）	标准误差	显著性	95%置信区间	
						下限	上限
人文底蕴	1年级	2	−0.0025	0.0035	0.4867	−0.0094	0.0045
		3	0.0262*	0.0035	0.0000	0.0193	0.0331

续 表

因变量	(I)所教年级	(J)所教年级	平均值差值(I–J)	标准误差	显著性	95%置信区间	
						下限	上限
人文底蕴	1年级	4	–0.0087*	0.0035	0.0142	–0.0156	–0.0017
		5	–0.0610*	0.0035	0.0000	–0.0679	–0.0541
		6	–0.0983*	0.0038	0.0000	–0.1057	–0.0908
	2年级	3	0.0287*	0.0036	0.0000	0.0216	0.0357
		4	–0.0062	0.0036	0.0825	–0.0132	0.0008
		5	–0.0585*	0.0035	0.0000	–0.0655	–0.0516
		6	–0.0958*	0.0038	0.0000	–0.1033	–0.0883
	3年级	4	–0.0349*	0.0036	0.0000	–0.0419	–0.0279
		5	–0.0872*	0.0035	0.0000	–0.0941	–0.0803
		6	–0.1245*	0.0038	0.0000	–0.1320	–0.1169
	4年级	5	–0.0523*	0.0035	0.0000	–0.0593	–0.0454
		6	–0.0896*	0.0038	0.0000	–0.0971	–0.0821
	5年级	6	–0.0373*	0.0038	0.0000	–0.0447	–0.0298
* 平均值差值的显著性水平为0.05，分析方法为LSD							

从表3–8中的数据可以看出，山东省小学生在人文底蕴核心素养上的表现并不相同：一、二年级学生的表现比三年级学生好，比四、五、六年级学生差，且差异具有显著性；三、四、五、六年级随着年级升高，分数随之增加，且年级之间的差异显著。

表3–9　不同年级学生科学精神核心素养表现的方差分析

因变量	(I)所教年级	(J)所教年级	平均值差值(I–J)	标准误差	显著性	95%置信区间	
						下限	上限
科学精神	1年级	2	0.0045	0.0036	0.2147	–0.0026	0.0117
		3	0.0356*	0.0037	0.0000	0.0285	0.0428
		4	–0.0018	0.0036	0.6118	–0.0090	0.0053
		5	–0.0703*	0.0036	0.0000	–0.0773	–0.0632
		6	–0.1175*	0.0039	0.0000	–0.1252	–0.1098

续表

因变量	（I）所教年级	（J）所教年级	平均值差值（I–J）	标准误差	显著性	95%置信区间	
						下限	上限
科学精神	2年级	3	0.0311*	0.0037	0.0000	0.0239	0.0383
		4	–0.0064	0.0037	0.0835	–0.0136	0.0008
		5	–0.0748*	0.0037	0.0000	–0.0820	–0.0676
		6	–0.1220*	0.0040	0.0000	–0.1298	–0.1142
	3年级	4	–0.0375*	0.0037	0.0000	–0.0447	–0.0302
		5	–0.1059*	0.0037	0.0000	–0.1131	–0.0987
		6	–0.1531*	0.0040	0.0000	–0.1609	–0.1453
	4年级	5	–0.0684*	0.0036	0.0000	–0.0756	–0.0613
		6	–0.1156*	0.0040	0.0000	–0.1234	–0.1079
	5年级	6	–0.0472*	0.0039	0.0000	–0.0549	–0.0395
* 平均值差值的显著性水平为0.05，分析方法为LSD							

从表3–9中的数据可以看出，山东省小学生科学精神核心素养的表现并不相同：一、二年级学生的表现比三年级学生好，比五、六年级学生差，且差异具有显著性；三、四、五、六年级随着年级升高，分数随之增加，且年级之间的差异显著。

表3–10　不同年级学生学会学习核心素养表现的方差分析

因变量	（I）所教年级	（J）所教年级	平均值差值（I–J）	标准误差	显著性	95%置信区间	
						下限	上限
学会学习	1年级	2	–0.0043	0.0038	0.2574	–0.0118	0.0032
		3	0.0187*	0.0038	0.0000	0.0112	0.0262
		4	–0.0075*	0.0038	0.0490	–0.0150	0.0000
		5	–0.0532*	0.0038	0.0000	–0.0606	–0.0458
		6	–0.0666*	0.0041	0.0000	–0.0747	–0.0586
	2年级	3	0.0231*	0.0039	0.0000	0.0155	0.0306
		4	–0.0032	0.0039	0.4098	–0.0107	0.0044
		5	–0.0489*	0.0038	0.0000	–0.0564	–0.0414
		6	–0.0623*	0.0041	0.0000	–0.0704	–0.0542

续 表

因变量	（I）所教年级	（J）所教年级	平均值差值（I–J）	标准误差	显著性	95%置信区间	
						下限	上限
学会学习	3年级	4	–0.0262*	0.0039	0.0000	–0.0338	–0.0187
		5	–0.0719*	0.0038	0.0000	–0.0795	–0.0644
		6	–0.0854*	0.0041	0.0000	–0.0935	–0.0772
	4年级	5	–0.0457*	0.0038	0.0000	–0.0532	–0.0382
		6	–0.0591*	0.0041	0.0000	–0.0673	–0.0510
	5年级	6	–0.0134*	0.0041	0.0011	–0.0215	–0.0054
* 平均值差值的显著性水平为0.05，分析方法为LSD							

从表3–10中的数据可以看出，山东省小学生学会学习核心素养的表现并不相同：一年级学生的表现比三年级学生好，比四、五、六年级学生差，且差异具有显著性；二年级学生的表现比三年级好，比五、六年级学生差，且差异具有显著性；三、四、五、六年级随着年级升高，分数随之增加，且年级之间的差异显著。

表3–11 不同年级学生健康生活核心素养表现的方差分析

因变量	（I）所教年级	（J）所教年级	平均值差值（I–J）	标准误差	显著性	95%置信区间	
						下限	上限
健康生活	1年级	2	0.0034	0.0031	0.2739	–0.0027	0.0094
		3	0.0218*	0.0031	0.0000	0.0157	0.0278
		4	0.0055	0.0031	0.0740	–0.0005	0.0115
		5	–0.0268*	0.0031	0.0000	–0.0327	–0.0208
		6	–0.0338*	0.0033	0.0000	–0.0403	–0.0273
	2年级	3	0.0184*	0.0031	0.0000	0.0123	0.0245
		4	0.0021	0.0031	0.4948	–0.0040	0.0082
		5	–0.0301*	0.0031	0.0000	–0.0362	–0.0241
		6	–0.0371*	0.0033	0.0000	–0.0437	–0.0306
	3年级	4	–0.0163*	0.0031	0.0000	–0.0224	–0.0102
		5	–0.0485*	0.0031	0.0000	–0.0546	–0.0425
		6	–0.0555*	0.0034	0.0000	–0.0621	–0.0490

续 表

因变量	（I）所教年级	（J）所教年级	平均值差值（I-J）	标准误差	显著性	95%置信区间	
						下限	上限
健康生活	4年级	5	-0.0323*	0.0031	0.0000	-0.0383	-0.0262
		6	-0.0393*	0.0033	0.0000	-0.0458	-0.0327
	5年级	6	-0.0070*	0.0033	0.0345	-0.0135	-0.0005
* 平均值差值的显著性水平为0.05，分析方法为LSD							

从表3-11中的数据可以看出，山东省小学生健康生活核心素养的表现并不相同：一、二年级学生的表现比三年级学生好，比五、六年级学生差，且差异具有显著性；三、四、五、六年级随着年级升高，分数随之增加，且年级之间的差异显著。

表3-12 不同年级学生在责任担当核心素养表现的方差分析

因变量	（I）所教年级	（J）所教年级	平均值差值（I-J）	标准误差	显著性	95%置信区间	
						下限	上限
责任担当	1年级	2	-0.0007	0.0034	0.8489	-0.0074	0.0061
		3	0.0083*	0.0034	0.0164	0.0015	0.0150
		4	-0.0250*	0.0034	0.0000	-0.0318	-0.0183
		5	-0.0649*	0.0034	0.0000	-0.0716	-0.0583
		6	-0.0868*	0.0037	0.0000	-0.0941	-0.0796
	2年级	3	0.0089*	0.0035	0.0105	0.0021	0.0158
		4	-0.0244*	0.0035	0.0000	-0.0312	-0.0176
		5	-0.0643*	0.0034	0.0000	-0.0710	-0.0575
		6	-0.0862*	0.0037	0.0000	-0.0935	-0.0788
	3年级	4	-0.0333*	0.0035	0.0000	-0.0401	-0.0265
		5	-0.0732*	0.0035	0.0000	-0.0800	-0.0665
		6	-0.0951*	0.0037	0.0000	-0.1024	-0.0878
	4年级	5	-0.0399*	0.0034	0.0000	-0.0466	-0.0332
		6	-0.0618*	0.0037	0.0000	-0.0691	-0.0545
	5年级	6	-0.0219*	0.0037	0.0000	-0.0291	-0.0146
* 平均值差值的显著性水平为0.05，分析方法为LSD							

从表3-12中的数据可以看出，山东省小学生责任担当核心素养的表现并不相同：一、二年级学生的表现比三年级学生好，比四、五、六年级学生差，且差异具有显著性；三、四、五、六年级随着年级升高，分数随之增加，且年级之间的差异显著。

表3-13　不同年级学生实践创新核心素养表现的方差分析

因变量	（I）所教年级	（J）所教年级	平均值差值（I-J）	标准误差	显著性	95%置信区间	
						下限	上限
实践创新	1年级	2	−0.0308*	0.0041	0.0000	−0.0387	−0.0228
		3	−0.0224*	0.0041	0.0000	−0.0303	−0.0144
		4	−0.0756*	0.0040	0.0000	−0.0836	−0.0677
		5	−0.1277*	0.0040	0.0000	−0.1356	−0.1199
		6	−0.1473*	0.0044	0.0000	−0.1559	−0.1388
	2年级	3	0.0084*	0.0041	0.0405	0.0004	0.0165
		4	−0.0449*	0.0041	0.0000	−0.0529	−0.0368
		5	−0.0970*	0.0041	0.0000	−0.1049	−0.0890
		6	−0.1166*	0.0044	0.0000	−0.1252	−0.1079
	3年级	4	−0.0533*	0.0041	0.0000	−0.0613	−0.0452
		5	−0.1054*	0.0041	0.0000	−0.1133	−0.0974
		6	−0.1250*	0.0044	0.0000	−0.1336	−0.1163
	4年级	5	−0.0521*	0.0040	0.0000	−0.0600	−0.0442
		6	−0.0717*	0.0044	0.0000	−0.0803	−0.0631
	5年级	6	−0.0196*	0.0044	0.0000	−0.0281	−0.0111

* 平均值差值的显著性水平为0.05，分析方法为LSD

从表3-13中的数据可以看出，山东省小学生实践创新核心素养的表现并不相同：一年级学生的表现最差，且与其他年级的学生之间差异显著；二年级学生的表现比三年级学生好，比四、五、六年级学生差，且差异具有显著性；三、四、五、六年级随着年级升高，分数随之增加，且年级之间的差异显著。

三、小学生各核心素养基本点的表现情况

（一）小学生人文底蕴核心素养的三个基本点的表现

1. 总体表现

人文底蕴核心素养包括人文积淀、人文情怀和审美情趣三个基本点。进一步分析全体学生在人文底蕴三个基本点的表现情况，见表3–14。

表3–14 小学生人文底蕴核心素养三个基本点的总体表现

基本点	平均值	标准差
人文积淀	13.23	1.966
人文情怀	13.90	1.525
审美情趣	4.68	0.666

每个基本点所包含的题目数量不同，所以对其求均值，具体情况见表3–15，如图3–4所示。

表3–15 小学生人文底蕴核心素养三个基本点的总体表现（均值）

基本点	平均值	标准差
人文积淀	4.4103	0.6553
人文情怀	4.6680	0.4740
审美情趣	4.6843	0.6664

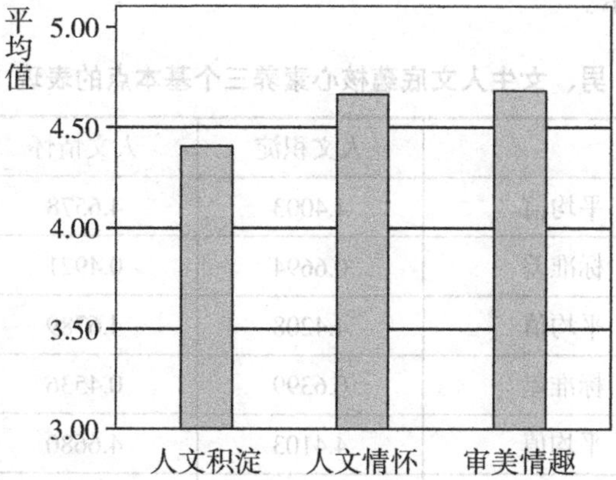

图3–4 小学生人文底蕴核心素养三个基本点的表现（均值）

通过表3-15、图3-4我们可以发现，小学生人文底蕴核心素养的三个基本点的发展水平并不完全相同。其中，审美情趣的发展水平最高（均值为4.6843分），人文积淀的分数最低（均值为4.4103分），人文情怀居中（均值为4.6680分）。

2. 性别比较

进一步对全体男、女生样本人文底蕴核心素养的三个基本点——人文积淀、人文情怀、审美情趣的表现情况进行分析，结果见表3-16。

表3-16　男、女生人文底蕴核心素养三个基本点的表现

性别		人文积淀	人文情怀	审美情趣
男	平均值	13.20	13.86	4.66
	个案数	104197	104197	104197
	标准差	2.008	1.580	0.700
女	平均值	13.26	13.94	4.71
	个案数	97854	97854	97854
	标准差	1.920	1.463	0.628
总计	平均值	13.23	13.90	4.69
	个案数	202051	202051	202051
	标准差	1.964	1.522	0.664

每个基本点所包含的题目数量不同，所以对其求均值，具体情况见表3-17，如图3-5所示。

表3-17　男、女生人文底蕴核心素养三个基本点的表现（均值）

性别		人文积淀	人文情怀	审美情趣
男	平均值	4.4003	4.6578	4.6575
	标准差	0.6694	0.4921	0.6995
女	平均值	4.4208	4.6789	4.7128
	标准差	0.6399	0.4536	0.6279
总计	平均值	4.4103	4.6680	4.6843
	标准差	0.6553	0.4740	0.6664

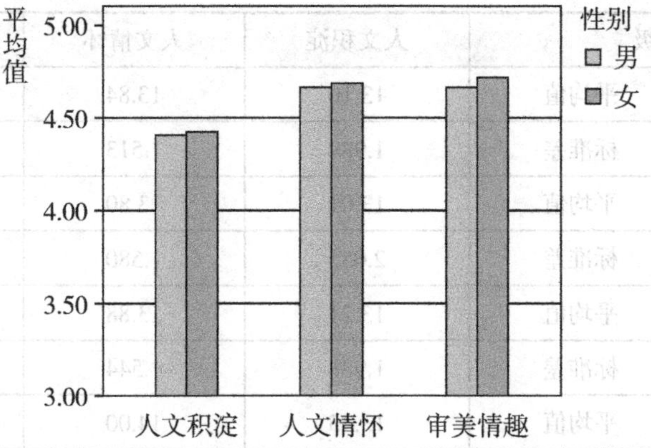

图3-5　不同性别小学生人文底蕴核心素养三个基本点的表现

进一步对男生和女生人文积淀、人文情怀、审美情趣三个基本点的表现进行差异的显著性检验，结果见表3-18。

表3-18　男生、女生人文底蕴核心素养三个基本点的差异检验

基本点	男生	女生	均值差	显著性
人文积淀	4.4003	4.4208	−0.0205	0.0000
人文情怀	4.6578	4.6789	−0.0211	0.0000
审美情趣	4.6575	4.7128	−0.0552	0.0000

从表3-18中的数据可以看出，在人文底蕴三个基本点上，男生的分数都要比女生低。随后，对男生、女生人文底蕴三个基本点的表现进行了T检验，结果显示存在显著性差异。

3. 年级比较

对不同年级学生样本人文底蕴核心素养的三个基本点——人文积淀、人文情怀、审美情趣的表现情况进行分析，结果见表3-19。

表3-19　不同年级小学生人文底蕴三个基本点的表现

年级		人文积淀	人文情怀	审美情趣
1	平均值	13.06	13.84	4.75
	标准差	1.993	1.527	0.569

续 表

年级		人文积淀	人文情怀	审美情趣
2	平均值	13.10	13.84	4.73
	标准差	1.989	1.513	0.595
3	平均值	13.01	13.80	4.66
	标准差	2.055	1.580	0.673
4	平均值	13.21	13.88	4.64
	标准差	1.988	1.544	0.726
5	平均值	13.45	14.00	4.66
	标准差	1.855	1.479	0.713
6	平均值	13.64	14.08	4.67
	标准差	1.798	1.478	0.711
总计	平均值	13.23	13.90	4.68
	标准差	1.966	1.525	0.666

每个基本点所包含的题目数量不同，所以对其求均值，具体情况见表3–20，如图3–6所示。

表3–20　不同年级小学生人文底蕴三个基本点的表现（均值）

年级		人文积淀	人文情怀	审美情趣
1	平均值	4.3549	4.6520	4.7452
	标准差	0.6643	0.4725	0.5686
2	平均值	4.3669	4.6527	4.7257
	标准差	0.6631	0.4700	0.5949
3	平均值	4.3366	4.6333	4.6648
	标准差	0.6852	0.4951	0.6733
4	平均值	4.4034	4.6603	4.6355
	标准差	0.6628	0.4800	0.7258
5	平均值	4.4834	4.6993	4.6581
	标准差	0.6184	0.4576	0.7133

续 表

年级		人文积淀	人文情怀	审美情趣
6	平均值	4.5474	4.7224	4.6722
	标准差	0.5992	0.4597	0.7111
总计	平均值	4.4103	4.6680	4.6843
	标准差	0.6553	0.4739	0.6664

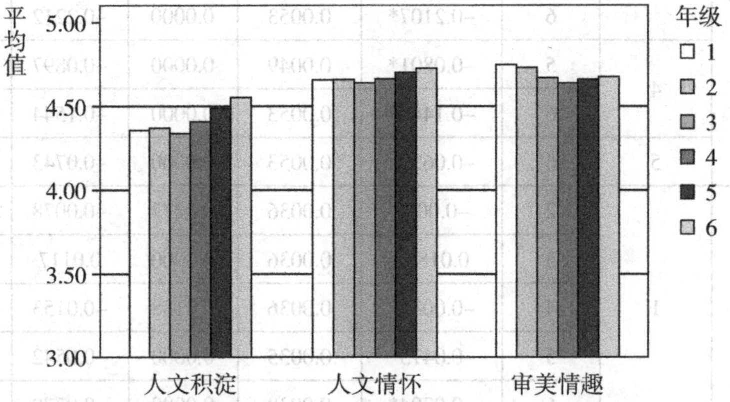

图3-6　不同年级学生人文底蕴核心素养三个基本点的表现

进一步对不同年级小学生人文积淀、人文情怀、审美情趣三个基本点的表现进行差异检验，结果见表3-21。

表3-21　不同年级学生人文底蕴核心素养的三个基本点表现的方差分析

因变量	（I）年级	（J）年级	平均值差值（I-J）	标准误差	显著性	95%置信区间	
						下限	上限
人文积淀	1	2	-0.0120*	0.0049	0.0142	-0.0216	-0.0024
		3	0.0182*	0.0049	0.0002	0.0086	0.0278
		4	-0.0485*	0.0049	0.0000	-0.0581	-0.0389
		5	-0.1286*	0.0049	0.0000	-0.1381	-0.1191
		6	-0.1925*	0.0053	0.0000	-0.2029	-0.1822
	2	3	0.0302*	0.0050	0.0000	0.0205	0.0400
		4	-0.0365*	0.0050	0.0000	-0.0462	-0.0268

续表

因变量	(I)年级	(J)年级	平均值差值(I-J)	标准误差	显著性	95%置信区间	
						下限	上限
人文积淀	2	5	-0.1166*	0.0049	0.0000	-0.1262	-0.1069
		6	-0.1805*	0.0053	0.0000	-0.1909	-0.1701
	3	4	-0.0667*	0.0050	0.0000	-0.0764	-0.0570
		5	-0.1468*	0.0049	0.0000	-0.1564	-0.1372
		6	-0.2107*	0.0053	0.0000	-0.2212	-0.2003
	4	5	-0.0801*	0.0049	0.0000	-0.0897	-0.0705
		6	-0.1440*	0.0053	0.0000	-0.1544	-0.1336
	5	6	-0.0639*	0.0053	0.0000	-0.0743	-0.0536
人文情怀	1	2	-0.0008	0.0036	0.8277	-0.0078	0.0062
		3	0.0186*	0.0036	0.0000	0.0117	0.0256
		4	-0.0084*	0.0036	0.0188	-0.0153	-0.0014
		5	-0.0473*	0.0035	0.0000	-0.0542	-0.0404
		6	-0.0704*	0.0038	0.0000	-0.0779	-0.0629
	2	3	0.0194*	0.0036	0.0000	0.0123	0.0265
		4	-0.0076*	0.0036	0.0352	-0.0146	-0.0005
		5	-0.0466*	0.0036	0.0000	-0.0535	-0.0396
		6	-0.0696*	0.0039	0.0000	-0.0772	-0.0620
	3	4	-0.0270*	0.0036	0.0000	-0.0341	-0.0199
		5	-0.0660*	0.0036	0.0000	-0.0730	-0.0590
		6	-0.0890*	0.0039	0.0000	-0.0966	-0.0814
	4	5	-0.0390*	0.0036	0.0000	-0.0460	-0.0320
		6	-0.0620*	0.0039	0.0000	-0.0696	-0.0545
	5	6	-0.0231*	0.0038	0.0000	-0.0306	-0.0155
审美情趣	1	2	0.0195*	0.0050	0.0001	0.0097	0.0293
		3	0.0804*	0.0050	0.0000	0.0706	0.0903
		4	0.1097*	0.0050	0.0000	0.0999	0.1195
		5	0.0871*	0.0050	0.0000	0.0774	0.0968

续 表

因变量	（I）年级	（J）年级	平均值差值（I–J）	标准误差	显著性	95%置信区间	
						下限	上限
审美情趣	1	6	0.0730*	0.0054	0.0000	0.0625	0.0836
	2	3	0.0609*	0.0051	0.0000	0.0510	0.0708
		4	0.0902*	0.0051	0.0000	0.0803	0.1001
		5	0.0675*	0.0050	0.0000	0.0577	0.0774
		6	0.0535*	0.0054	0.0000	0.0429	0.0642
	3	4	0.0293*	0.0051	0.0000	0.0193	0.0392
		5	0.0066	0.0050	0.1854	–0.0032	0.0165
		6	–0.0074	0.0054	0.1752	–0.0180	0.0033
	4	5	–0.0226*	0.0050	0.0000	–0.0324	–0.0128
		6	–0.0366*	0.0054	0.0000	–0.0473	–0.0260
	5	6	–0.0140*	0.0054	0.0092	–0.0246	–0.0035
* 平均值差值的显著性水平为0.05，分析方法为LSD							

从以上图表可以看出，随着年级的升高，小学生人文积淀和人文情怀两个基本点的表现整体呈现上升趋势，同时可以看出三年级在这两个基本点上的表现最差。而审美情趣基本点的表现则随着年级的升高出现下降的趋势。

从方差分析可以看出，在人文积淀基本点上，各年级之间均存在显著差异；在人文情怀基本点上，一年级和二年级之间不存在显著差异，其余年级均存在显著差异；在审美情趣基本点上，一、二年级的表现均好于其余年级，且与其余年级均存在显著差异，三、五、六年级的表现显著好于四年级。

（二）小学生科学精神核心素养的三个基本点的表现

1. 总体表现

科学精神核心素养包括理性思维、批判质疑、勇于探究三个基本点。进一步分析全体学生科学精神三个基本点的表现情况，见表3–22。

表3–22　小学生科学精神核心素养三个基本点的表现

基本点	平均值	标准差
理性思维	13.58	1.812
批判质疑	10.96	1.373
勇于探究	8.51	1.550

每个基本点所包含的题目数量不同，所以对其求均值，具体情况见表3–23，如图3–7所示。

表3–23　小学生科学精神核心素养三个基本点的表现（均值）

基本点	平均值	标准差
理性思维	4.5280	0.6041
批判质疑	3.6538	0.4578
勇于探究	4.2543	0.7752

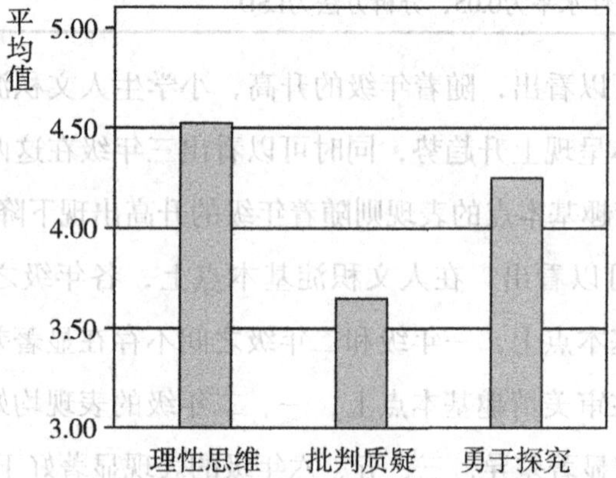

图3–7　小学生科学精神核心素养三个基本点的表现

小学生科学精神核心素养的三个基本点的发展水平并不完全相同。其中，理性思维的发展水平最高（均值为4.5280分），批判质疑的分数最低（均值为3.6538分），勇于探究居中（均值为4.2543分）。

2. 性别比较

进一步对全体男、女生样本科学精神核心素养的三个基本点——理性思维、批判质疑、勇于探究的表现情况进行分析，结果见表3-24。

表3-24 不同性别小学生科学精神核心素养三个基本点的表现

性别		理性思维	批判质疑	勇于探究
男	平均值	13.57	10.96	8.57
	标准差	1.849	1.383	1.539
女	平均值	13.60	10.97	8.45
	标准差	1.772	1.363	1.560
总计	平均值	13.59	10.96	8.51
	标准差	1.811	1.373	1.550

每个基本点所包含的题目数量不同，所以对其求均值，具体情况见表3-25，如图3-8所示。

表3-25 不同性别小学生科学精神核心素养三个基本点的表现（均值）

性别		理性思维	批判质疑	勇于探究
男	平均值	4.5224	3.6519	4.2835
	标准差	0.6165	0.4610	0.7697
女	平均值	4.5339	3.6558	4.2233
	标准差	0.5906	0.4545	0.7799
总计	平均值	4.5280	3.6538	4.2543
	标准差	0.6041	0.4578	0.7752

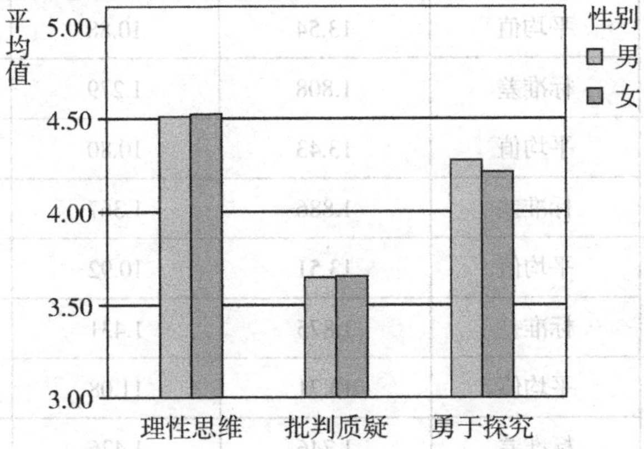

图3-8 不同性别小学生科学精神核心素养三个基本点的表现

进一步对男生和女生在理性思维、批判质疑、勇于探究三个基本点上的表现进行差异的显著性检验，结果见表3–26。

表3–26　不同性别小学生科学精神核心素养的差异检验

基本点	男生	女生	均值差	显著性
理性思维	4.5224	4.5339	–0.0115	0.0000
批判质疑	3.6519	3.6558	–0.0040	0.0520
勇于探究	4.2835	4.2233	0.0602	0.0000

从以上图表中的数据可以看出，女生理性思维基本点的表现水平高于男生，且二者存在显著差异；而勇于探究的基本点，男生的表现要好于女生，同时二者也存在显著差异；批判质疑基本点上，女生的表现略好于男生，但是不存在显著性差异。

3. 年级比较

对不同年级学生样本科学精神核心素养的三个基本点——理性思维、批判质疑、勇于探究的表现情况进行分析，结果见表3–27。

表3–27　不同年级小学生科学精神核心素养的表现

年级		理性思维	批判质疑	勇于探究
1	平均值	13.53	10.93	8.43
	标准差	1.800	1.247	1.536
2	平均值	13.54	10.88	8.43
	标准差	1.808	1.279	1.535
3	平均值	13.43	10.80	8.37
	标准差	1.886	1.367	1.584
4	平均值	13.51	10.92	8.47
	标准差	1.875	1.431	1.589
5	平均值	13.71	11.08	8.65
	标准差	1.746	1.426	1.523

续 表

年级		理性思维	批判质疑	勇于探究
6	平均值	13.85	11.21	8.76
	标准差	1.700	1.463	1.488
总计	平均值	13.58	10.96	8.51
	标准差	1.812	1.373	1.550

每个基本点所包含的题目数量不同，所以对其求均值，具体情况见表3–28，如图3–9所示。

表3–28　不同年级小学生科学精神核心素养的表现（均值）

年级		理性思维	批判质疑	勇于探究
1	平均值	4.5084	3.6435	4.2134
	标准差	0.5999	0.4158	0.7679
2	平均值	4.5137	3.6258	4.2142
	标准差	0.6027	0.4265	0.7677
3	平均值	4.4755	3.6001	4.1855
	标准差	0.6288	0.4557	0.7920
4	平均值	4.5025	3.6388	4.2367
	标准差	0.6249	0.4771	0.7946
5	平均值	4.5699	3.6948	4.3254
	标准差	0.5820	0.4754	0.7614
6	平均值	4.6177	3.7378	4.3780
	标准差	0.5665	0.4877	0.7438
总计	平均值	4.5280	3.6538	4.2543
	标准差	0.6041	0.4578	0.7752

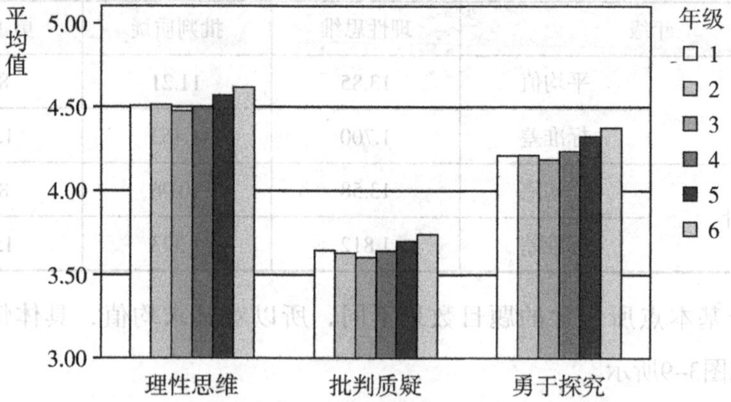

图3-9 不同年级小学生科学精神核心素养三个基本点的表现

进一步对不同年级的小学生在理性思维、批判质疑、勇于探究三个基本点上的表现进行差异的显著性检验，结果见表3-29。

表3-29 不同年级小学生科学精神核心素养的方差分析

因变量	（I）年级	（J）年级	平均值差值（I–J）	标准误差	显著性	95%置信区间	
						下限	上限
理性思维	1	2	–0.0052	0.0045	0.2495	–0.0141	0.0037
		3	0.0329*	0.0045	0.0000	0.0240	0.0418
		4	0.0059	0.0045	0.1940	–0.0030	0.0148
		5	–0.0614*	0.0045	0.0000	–0.0702	–0.0526
		6	–0.1093*	0.0049	0.0000	–0.1189	–0.0997
	2	3	0.0382*	0.0046	0.0000	0.0292	0.0472
		4	0.0111*	0.0046	0.0153	0.0021	0.0201
		5	–0.0562*	0.0045	0.0000	–0.0651	–0.0473
		6	–0.1041*	0.0049	0.0000	–0.1137	–0.0944
	3	4	–0.0271*	0.0046	0.0000	–0.0360	–0.0181
		5	–0.0944*	0.0045	0.0000	–0.1033	–0.0855
		6	–0.1422*	0.0049	0.0000	–0.1519	–0.1326
	4	5	–0.0673*	0.0045	0.0000	–0.0762	–0.0584

续表

因变量	（I）年级	（J）年级	平均值差值（I-J）	标准误差	显著性	95%置信区间	
						下限	上限
理性思维	4	6	-0.1152*	0.0049	0.0000	-0.1248	-0.1055
	5	6	-0.0479*	0.0049	0.0000	-0.0574	-0.0383
批判质疑	1	2	0.0178*	0.0034	0.0000	0.0110	0.0245
		3	0.0435*	0.0034	0.0000	0.0367	0.0502
		4	0.0047	0.0034	0.1699	-0.0020	0.0114
		5	-0.0513*	0.0034	0.0000	-0.0579	-0.0446
		6	-0.0942*	0.0037	0.0000	-0.1015	-0.0870
	2	3	0.0257*	0.0035	0.0000	0.0189	0.0325
		4	-0.0131*	0.0035	0.0002	-0.0199	-0.0063
		5	-0.0690*	0.0034	0.0000	-0.0758	-0.0623
		6	-0.1120*	0.0037	0.0000	-0.1193	-0.1047
	3	4	-0.0388*	0.0035	0.0000	-0.0456	-0.0320
		5	-0.0947*	0.0034	0.0000	-0.1015	-0.0880
		6	-0.1377*	0.0037	0.0000	-0.1450	-0.1304
	4	5	-0.0560*	0.0034	0.0000	-0.0627	-0.0493
		6	-0.0989*	0.0037	0.0000	-0.1062	-0.0917
	5	6	-0.0430*	0.0037	0.0000	-0.0502	-0.0357
勇于探究	1	2	-0.0007	0.0058	0.9023	-0.0121	0.0107
		3	0.0279*	0.0058	0.0000	0.0165	0.0393
		4	-0.0233*	0.0058	0.0001	-0.0346	-0.0119
		5	-0.1120*	0.0058	0.0000	-0.1233	-0.1007
		6	-0.1646*	0.0063	0.0000	-0.1768	-0.1523
	2	3	0.0286*	0.0059	0.0000	0.0171	0.0402
		4	-0.0225*	0.0059	0.0001	-0.0341	-0.0110
		5	-0.1113*	0.0058	0.0000	-0.1227	-0.0999
		6	-0.1639*	0.0063	0.0000	-0.1762	-0.1515

续 表

因变量	（I）年级	（J）年级	平均值差值（I-J）	标准误差	显著性	95%置信区间	
						下限	上限
勇于探究	3	4	–0.0512*	0.0059	0.0000	–0.0627	–0.0396
		5	–0.1399*	0.0058	0.0000	–0.1513	–0.1285
		6	–0.1925*	0.0063	0.0000	–0.2049	–0.1801
	4	5	–0.0887*	0.0058	0.0000	–0.1001	–0.0774
		6	–0.1413*	0.0063	0.0000	–0.1537	–0.1290
	5	6	–0.0526*	0.0063	0.0000	–0.0648	–0.0403
* 平均值差值的显著性水平为0.05，分析方法为LSD							

从以上图表中的数据可以看出，在总体趋势上，小学生理性思维、批判质疑、勇于探究三个基本点的分数随年级的升高而升高，而在所有年级中，三年级的分数最低。

方差分析的结果显示，在理性思维基本点上，一年级的学生表现比三年级的学生好，比五、六年级的学生差，且差异具有显著性；二年级的学生比三、四年级的学生表现好，比五、六年级的学生表现差，且差异具有显著性；三、四、五、六年级学生的表现随年级升高而分数增加，且年级之间的差异具有显著性。

在批判质疑基本点上，一年级的学生比二、三年级的学生表现好，比五、六年级的学生表现差，且差异具有显著性；二年级比三年级的学生表现好，比四、五、六年级的学生表现差，且差异具有显著性；三、四、五、六年级的学生表现随年级升高而分数增加，且年级之间的差异具有显著性。

在勇于探究基本点上，一、二年级的学生均比三年级的学生表现好，比四、五、六年级的学生表现差，且差异具有显著性；三、四、五、六年级学生的表现随年级升高而分数增加，且年级之间的差异具有显著性。

（三）小学生学会学习核心素养的三个基本点的表现

1. 总体表现

学会学习核心素养包括乐学善学、勤于反思、信息意识三个基本点。进一步分析全体学生在学会学习三个基本点的表现情况，见表3–30。

表3–30　小学生学会学习核心素养三个基本点的表现

基本点	平均值	标准差
乐学善学	18.27	2.255
勤于反思	8.82	1.500
信息意识	13.50	1.912

每个基本点所包含的题目数量不同，所以对其求均值，具体情况见表3–31，如图3–10所示。

表3–31　小学生学会学习核心素养三个基本点的表现（均值）

基本点	平均值	标准差
乐学善学	4.5681	0.56385
勤于反思	4.4111	0.74980
信息意识	4.5003	0.63742

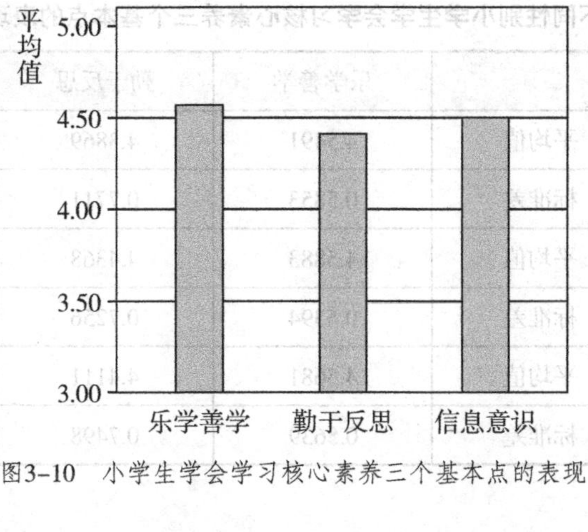

图3–10　小学生学会学习核心素养三个基本点的表现

通过以上图表我们可以发现，小学生学会学习核心素养的三个基本点的发展水平并不完全相同。其中，乐学善学的发展水平最高（均值为4.5681分），信息意识和勤于反思的分数均值分别为4.5003分和4.4111分。

2. 性别比较

进一步对全体男、女生样本学会学习核心素养的三个基本点——乐学善学、勤于反思、信息意识的表现情况进行分析，结果见表3–32。

表3–32　不同性别小学生学会学习核心素养三个基本点的表现

性别		乐学善学	勤于反思	信息意识
男	平均值	18.20	8.77	13.42
	标准差	2.341	1.542	1.961
女	平均值	18.35	8.87	13.59
	标准差	2.158	1.451	1.855
总计	平均值	18.28	8.82	13.50
	标准差	2.250	1.500	1.912

每个基本点所包含的题目数量不同，所以对其求均值，具体情况见表3–33，如图3–11所示。

表3–33　不同性别小学生学会学习核心素养三个基本点的表现（均值）

性别		乐学善学	勤于反思	信息意识
男	平均值	4.5491	4.3869	4.4732
	标准差	0.5853	0.7711	0.6536
女	平均值	4.5883	4.4368	4.5293
	标准差	0.5394	0.7256	0.6184
总计	平均值	4.5681	4.4111	4.5003
	标准差	0.5639	0.7498	0.6374

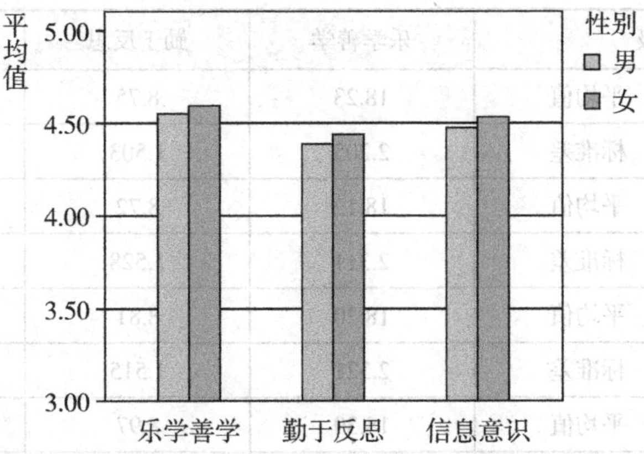

图3–11　不同性别小学生学会学习核心素养三个基本点的表现

进一步对男生、女生乐学善学、勤于反思、信息意识三个基本点的分数做差异检验，结果见表3–34。

表3–34　不同性别小学生学会学习核心素养三个基本点的差异检验

基本点	男生	女生	均值差	显著性
乐学善学	18.20	18.35	–0.0392	0.00
勤于反思	8.77	8.87	–0.0499	0.00
信息意识	13.42	13.59	–0.0561	0.00

从以上图表中的数据可以看出，女生乐学善学、勤于反思和信息意识三个基本点的表现水平均高于男生，且都达到了统计学的显著性水平。

3. 年级比较

对不同年级学生样本学会学习核心素养的三个基本点——乐学善学、勤于反思、信息意识的表现情况进行分析，结果见表3–35。

表3–35　不同年级小学生学会学习核心素养三个基本点的表现

年级		乐学善学	勤于反思	信息意识
1	平均值	18.24	8.67	13.53
	标准差	2.204	1.556	1.862

续 表

年级		乐学善学	勤于反思	信息意识
2	平均值	18.23	8.75	13.50
	标准差	2.205	1.503	1.903
3	平均值	18.12	8.72	13.44
	标准差	2.311	1.528	1.938
4	平均值	18.20	8.81	13.51
	标准差	2.321	1.515	1.937
5	平均值	18.39	8.97	13.56
	标准差	2.233	1.438	1.901
6	平均值	18.51	9.08	13.46
	标准差	2.234	1.388	1.936
总计	平均值	18.27	8.82	13.50
	标准差	2.255	1.500	1.912

每个基本点所包含的题目数量不同，所以对其求均值，具体情况见表3–36，如图3–12所示。

表3–36　不同年级小学生学会学习核心素养三个基本点的表现（均值）

年级		乐学善学	勤于反思	信息意识
1	平均值	4.5612	4.3359	4.5086
	标准差	0.5511	0.7781	0.6208
2	平均值	4.5582	4.3736	4.5004
	标准差	0.5511	0.7515	0.6344
3	平均值	4.5290	4.3602	4.4791
	标准差	0.5778	0.7639	0.6459
4	平均值	4.5492	4.4034	4.5021
	标准差	0.5802	0.7573	0.6457
5	平均值	4.5973	4.4839	4.5213
	标准差	0.5582	0.7192	0.6338

续 表

年级		乐学善学	勤于反思	信息意识
6	平均值	4.6263	4.5398	4.4857
	标准差	0.5586	0.6940	0.6454
总计	平均值	4.5681	4.4111	4.5003
	标准差	0.5639	0.7498	0.6374

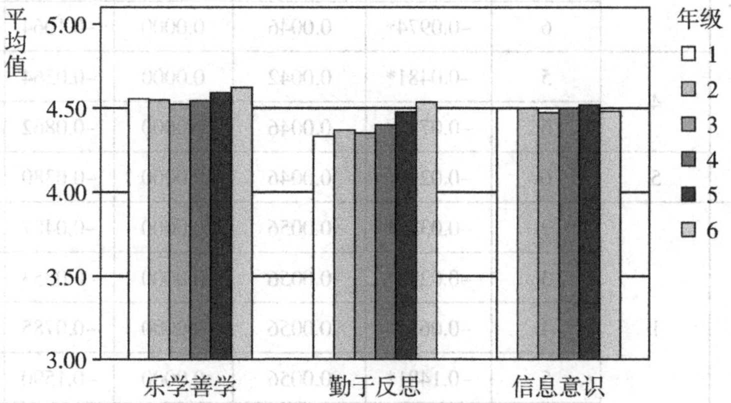

图3–12　不同年级小学生学会学习核心素养三个基本点的表现

进一步对不同年级小学生乐学善学、勤于反思、信息意识三个基本点的分数做差异检验，结果见表3–37。

表3–37　不同年级小学生学会学习核心素养三个基本点的方差分析

因变量	（I）年级	（J）年级	平均值差值（I–J）	标准误差	显著性	95%置信区间	
						下限	上限
乐学善学	1	2	0.0030	0.0042	0.4776	–0.0053	0.0113
		3	0.0322*	0.0042	0.0000	0.0239	0.0405
		4	0.0120*	0.0042	0.0045	0.0037	0.0203
		5	–0.0361*	0.0042	0.0000	–0.0443	–0.0279
		6	–0.0652*	0.0046	0.0000	–0.0741	–0.0562
	2	3	0.0292*	0.0043	0.0000	0.0208	0.0376
		4	0.0090*	0.0043	0.0352	0.0006	0.0174

续 表

因变量	(I)年级	(J)年级	平均值差值(I-J)	标准误差	显著性	95%置信区间	
						下限	上限
乐学善学	2	5	–0.0391*	0.0042	0.0000	–0.0475	–0.0308
		6	–0.0682*	0.0046	0.0000	–0.0772	–0.0592
	3	4	–0.0202*	0.0043	0.0000	–0.0286	–0.0118
		5	–0.0683*	0.0042	0.0000	–0.0767	–0.0600
		6	–0.0974*	0.0046	0.0000	–0.1064	–0.0883
	4	5	–0.0481*	0.0042	0.0000	–0.0564	–0.0398
		6	–0.0772*	0.0046	0.0000	–0.0862	–0.0682
	5	6	–0.0290*	0.0046	0.0000	–0.0380	–0.0201
勤于反思	1	2	–0.0377*	0.0056	0.0000	–0.0487	–0.0267
		3	–0.0243*	0.0056	0.0000	–0.0353	–0.0133
		4	–0.0675*	0.0056	0.0000	–0.0785	–0.0565
		5	–0.1481*	0.0056	0.0000	–0.1590	–0.1372
		6	–0.2039*	0.0060	0.0000	–0.2158	–0.1921
	2	3	0.0134*	0.0057	0.0188	0.0022	0.0245
		4	–0.0298*	0.0057	0.0000	–0.0410	–0.0187
		5	–0.1104*	0.0056	0.0000	–0.1214	–0.0994
		6	–0.1662*	0.0061	0.0000	–0.1782	–0.1543
	3	4	–0.0432*	0.0057	0.0000	–0.0544	–0.0321
		5	–0.1238*	0.0056	0.0000	–0.1348	–0.1127
		6	–0.1796*	0.0061	0.0000	–0.1916	–0.1676
	4	5	–0.0806*	0.0056	0.0000	–0.0916	–0.0696
		6	–0.1364*	0.0061	0.0000	–0.1483	–0.1245
	5	6	–0.0558*	0.0060	0.0000	–0.0677	–0.0440
信息意识	1	2	0.0081	0.0048	0.0902	–0.0013	0.0175
		3	0.0294*	0.0048	0.0000	0.0200	0.0389
		4	0.0065	0.0048	0.1767	–0.0029	0.0159

续 表

因变量	（I）年级	（J）年级	平均值差值（I–J）	标准误差	显著性	95%置信区间	
						下限	上限
信息意识	1	5	–0.0128*	0.0047	0.0071	–0.0221	–0.0035
		6	0.0229*	0.0052	0.0000	0.0128	0.0330
	2	3	0.0213*	0.0049	0.0000	0.0118	0.0308
		4	–0.0017	0.0048	0.7317	–0.0112	0.0078
		5	–0.0209*	0.0048	0.0000	–0.0303	–0.0115
		6	0.0148*	0.0052	0.0046	0.0046	0.0250
	3	4	–0.0230*	0.0049	0.0000	–0.0325	–0.0135
		5	–0.0422*	0.0048	0.0000	–0.0517	–0.0328
		6	–0.0066	0.0052	0.2086	–0.0168	0.0037
	4	5	–0.0192*	0.0048	0.0001	–0.0286	–0.0099
		6	0.0164*	0.0052	0.0016	0.0062	0.0266
	5	6	0.0357*	0.0052	0.0000	0.0256	0.0458
* 平均值差值的显著性水平为0.05，分析方法为LSD							

从以上图表可以看出，不同年级小学生在乐学善学、勤于反思、信息意识三个基本点上的表现并不相同。其中，在乐学善学和勤于反思基本点上，总体趋势是随着年级的升高，学生的分数逐渐增加，但是在乐学善学基本点上，三年级的表现最差，其次是四年级，除一年级和二年级学生之间不存在显著差异外，其余年级均有显著差异。

在勤于反思基本点上，二年级的表现要优于一、三年级，且所有年级之间的差异具有显著性。

在信息意识基本点上，三年级的表现最差，六年级次之，且没有出现随年级升高而分数增加的趋势。具体表现为：一、二年级比三、六年级学生的表现好，比五年级的学生表现差；四年级比五年级的学生表现差，比六年级的学生表现好；五年级比六年级的学生表现好。

（四）学生健康生活核心素养的三个基本点的表现

1. 总体表现

健康生活核心素养包括珍爱生命、健全人格、自我管理三个基本点。进一步分析全体学生在健康生活三个基本点的表现情况，见表3–38。

表3–38　小学生健康生活核心素养三个基本点的表现

基本点	平均值	标准差
珍爱生命	25.47	2.910
健全人格	9.25	1.121
自我管理	9.21	1.132

每个基本点所包含题目的数量并不完全相同，因此对其求均值，结果见表3–39，如图3–13所示。

表3–39　小学生健康生活核心素养三个基本点的表现（均值）

基本点	平均值	标准差
珍爱生命	4.2447	0.48496
健全人格	4.6266	0.56029
自我管理	4.6071	0.56583

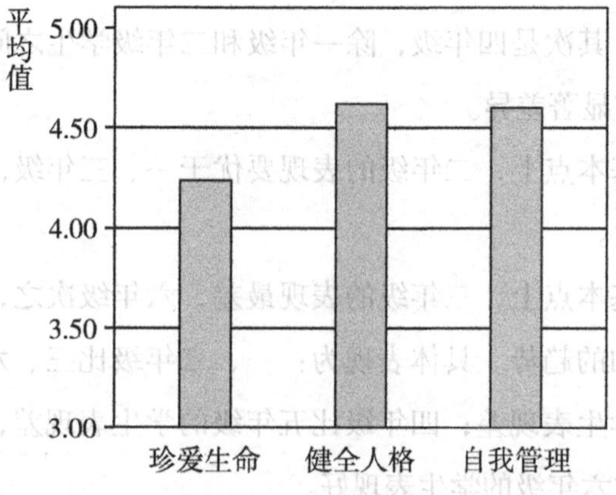

图3–13　小学生健康生活核心素养三个基本点的表现

小学生健康生活核心素养的三个基本点的发展水平并不完全相同。其中，健全人格的发展水平最高（均值为4.6266分），其次是自我管理（均值为4.6071分），珍爱生命的分数最低（均值为4.2447分）。

2. 性别比较

进一步对全体男、女生样本健康生活核心素养的三个基本点——珍爱生命、健全人格、自我管理的表现情况进行分析，结果见表3–40。

表3–40　不同性别小学生健康生活核心素养三个基本点的表现

性别		珍爱生命	健全人格	自我管理
男	平均值	25.32	9.24	9.19
	标准差	2.961	1.146	1.165
女	平均值	25.62	9.26	9.24
	标准差	2.846	1.093	1.094
总计	平均值	25.47	9.25	9.21
	标准差	2.910	1.121	1.132

每个基本点所包含题目的数量并不完全相同，因此对其求均值，结果见表3–41，如图3–14所示。

表3–41　不同性别小学生健康生活核心素养三个基本点的表现（均值）

性别		珍爱生命	健全人格	自我管理
男	平均值	4.2202	4.6216	4.5934
	标准差	0.4935	0.5731	0.5827
女	平均值	4.2708	4.6319	4.6216
	标准差	0.4743	0.5463	0.5470
总计	平均值	4.2447	4.6266	4.6071
	标准差	0.4850	0.5603	0.5658

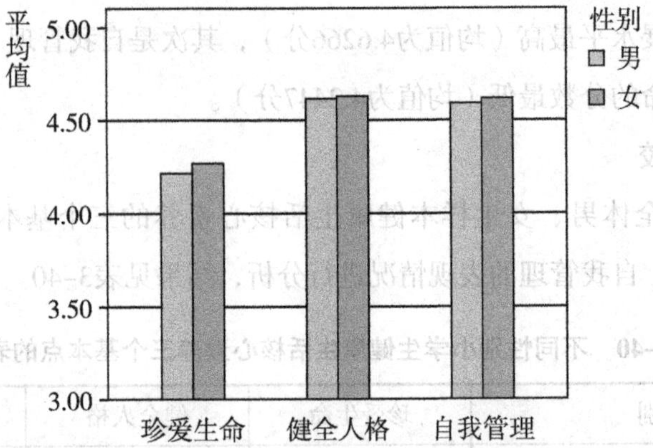

图3-14　不同性别小学生健康生活三个基本要点的表现

进一步对男生、女生珍爱生命、健全人格、自我管理三个基本点的分数做差异检验，结果见表4-42。

表3-42　不同性别小学生健康生活核心素养的差异检验

基本点	男生	女生	均值差	显著性
珍爱生命	4.2202	4.2708	–0.0506	0.0000
健全人格	4.6216	4.6319	–0.0103	0.0000
自我管理	4.5934	4.6216	–0.0281	0.0000

从以上图表中的数据可以看出，女生珍爱生命、健全人格和自我管理三个基本点的表现水平均高于男生，且都达到了统计学的显著性水平。

3. 年级比较

对不同年级学生样本健康生活核心素养的三个基本点——珍爱生命、健全人格、自我管理的表现情况进行分析，结果见表3-43。

表3-43　不同年级小学生健康生活核心素养的三个基本点的表现水平

年级		珍爱生命	健全人格	自我管理
1	平均值	24.22	9.19	9.10
	标准差	2.680	1.091	1.128

续 表

年级		珍爱生命	健全人格	自我管理
2	平均值	24.25	9.21	9.13
	标准差	2.744	1.094	1.132
3	平均值	24.33	9.21	9.16
	标准差	2.845	1.154	1.161
4	平均值	24.46	9.28	9.25
	标准差	2.900	1.135	1.131
5	平均值	24.50	9.31	9.32
	标准差	2.973	1.116	1.099
6	平均值	24.60	9.35	9.34
	标准差	3.085	1.127	1.115
总计	平均值	24.39	9.25	9.21
	标准差	2.868	1.121	1.132

每个基本点所包含题目的数量并不完全相同，因此对其求均值，结果见表3–44，如图3–15所示。

表3–44 不同年级小学生健康生活核心素养的三个基本点的表现水平（均值）

年级		珍爱生命	健全人格	自我管理
1	平均值	4.2681	4.5937	4.5500
	标准差	0.4681	0.5453	0.5638
2	平均值	4.2534	4.6035	4.5674
	标准差	0.4775	0.5471	0.5662
3	平均值	4.2172	4.6053	4.5823
	标准差	0.4900	0.5770	0.5804
4	平均值	4.2188	4.6380	4.6261
	标准差	0.4859	0.5675	0.5656
5	平均值	4.2545	4.6572	4.6611
	标准差	0.4885	0.5582	0.5494

续 表

年级		珍爱生命	健全人格	自我管理
6	平均值	4.2579	4.6728	4.6703
	标准差	0.5013	0.5633	0.5575
总计	平均值	4.2447	4.6266	4.6071
	标准差	0.4850	0.5603	0.5658

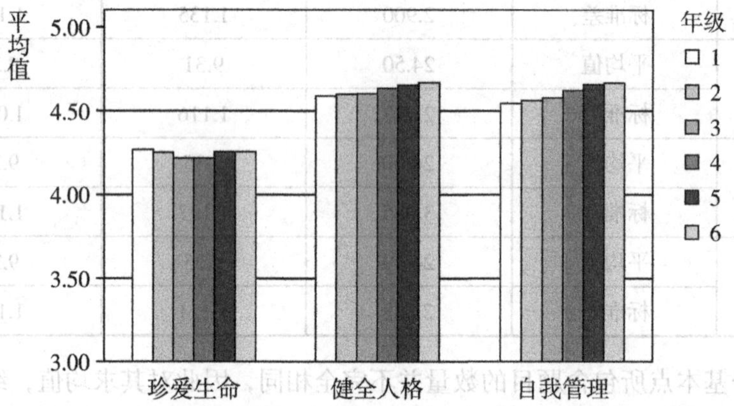

图3-15　不同年级小学生健康生活三个基本点的表现水平

进一步对不同年级小学生珍爱生命、健全人格、自我管理三个基本点的分数做差异检验，结果见表3-45。

表3-45　不同年级小学生健康生活核心素养的三个基本要点的方差分析

因变量	（I）年级	（J）年级	平均值差值（I-J）	标准误差	显著性	95%置信区间	
						下限	上限
珍爱生命	1	2	0.0147*	0.0036	0.0001	0.0075	0.0218
		3	0.0509*	0.0037	0.0000	0.0437	0.0580
		4	0.0493*	0.0036	0.0000	0.0421	0.0564
		5	0.0136*	0.0036	0.0002	0.0065	0.0207
		6	0.0101*	0.0039	0.0097	0.0025	0.0178
	2	3	0.0362*	0.0037	0.0000	0.0290	0.0434
		4	0.0346*	0.0037	0.0000	0.0274	0.0418

续 表

因变量	（I）年级	（J）年级	平均值差值（I–J）	标准误差	显著性	95%置信区间	
						下限	上限
珍爱生命	2	5	–0.0011	0.0037	0.7703	–0.0082	0.0061
		6	–0.0045	0.0040	0.2526	–0.0123	0.0032
	3	4	–0.0016	0.0037	0.6615	–0.0088	0.0056
		5	–0.0373*	0.0037	0.0000	–0.0444	–0.0301
		6	–0.0407*	0.0040	0.0000	–0.0485	–0.0330
	4	5	–0.0357*	0.0036	0.0000	–0.0428	–0.0285
		6	–0.0391*	0.0040	0.0000	–0.0469	–0.0314
	5	6	–0.0035	0.0039	0.3773	–0.0112	0.0042
健全人格	1	2	–0.0098*	0.0042	0.0203	–0.0180	–0.0015
		3	–0.0116*	0.0042	0.0062	–0.0198	–0.0033
		4	–0.0443*	0.0042	0.0000	–0.0525	–0.0360
		5	–0.0635*	0.0042	0.0000	–0.0717	–0.0553
		6	–0.0791*	0.0045	0.0000	–0.0879	–0.0702
	2	3	–0.0018	0.0043	0.6773	–0.0101	0.0066
		4	–0.0345*	0.0043	0.0000	–0.0428	–0.0262
		5	–0.0537*	0.0042	0.0000	–0.0620	–0.0455
		6	–0.0693*	0.0046	0.0000	–0.0782	–0.0603
	3	4	–0.0327*	0.0043	0.0000	–0.0411	–0.0244
		5	–0.0520*	0.0042	0.0000	–0.0602	–0.0437
		6	–0.0675*	0.0046	0.0000	–0.0765	–0.0585
	4	5	–0.0192*	0.0042	0.0000	–0.0275	–0.0110
		6	–0.0348*	0.0046	0.0000	–0.0437	–0.0258
	5	6	–0.0156*	0.0045	0.0006	–0.0244	–0.0067
自我管理	1	2	–0.0174*	0.0042	0.0000	–0.0257	–0.0090
		3	–0.0322*	0.0043	0.0000	–0.0406	–0.0239
		4	–0.0760*	0.0042	0.0000	–0.0843	–0.0677
		5	–0.1111*	0.0042	0.0000	–0.1193	–0.1029

续 表

因变量	（I）年级	（J）年级	平均值差值（I–J）	标准误差	显著性	95%置信区间	
						下限	上限
自我管理	1	6	–0.1202*	0.0046	0.0000	–0.1292	–0.1113
	2	3	–0.0149*	0.0043	0.0006	–0.0233	–0.0064
		4	–0.0587*	0.0043	0.0000	–0.0671	–0.0503
		5	–0.0937*	0.0043	0.0000	–0.1020	–0.0854
		6	–0.1029*	0.0046	0.0000	–0.1119	–0.0938
	3	4	–0.0438*	0.0043	0.0000	–0.0522	–0.0354
		5	–0.0789*	0.0043	0.0000	–0.0872	–0.0705
		6	–0.0880*	0.0046	0.0000	–0.0970	–0.0790
	4	5	–0.0351*	0.0042	0.0000	–0.0434	–0.0267
		6	–0.0442*	0.0046	0.0000	–0.0532	–0.0352
	5	6	–0.0091*	0.0046	0.0455	–0.0181	–0.0002
* 平均值差值的显著性水平为0.05，分析方法为LSD							

从以上图表可以看出，不同年级小学生在珍爱生命、健全人格、自我管理三个基本点上的表现并不相同。其中，在珍爱生命基本点上，一年级表现最好，与其余年级有显著差异；二年级比四年级表现好，比五、六年级表现差，且具有显著差异；三、四、五、六年级的学生表现随年级升高而变好，且除五、六年级之间没有显著差异外，其余几个年级之间具有显著差异。

在健全人格和自我管理两个基本点上，随着年级的增长，不同年级小学生的表现呈现上升趋势。除二、三年级在健全人格基本点上没有显著差异之外，其余几个年级均具有显著差异。

（五）学生责任担当核心素养的三个基本点的表现

1. 总体表现

责任担当核心素养包括社会责任、国家认同、国际理解三个基本点。进一步分析全体学生责任担当三个基本点的表现情况，见表3–46所示。

表3–46 小学生责任担当核心素养的三个基本点的表现

基本点	平均值	标准差
社会责任	32.86	3.243
国家认同	18.43	2.151
国际理解	4.71	0.570

每个基本点包含的题目数量不同，所以对其求均值，具体情况见表3–47，如图3–16所示。

表3–47 小学生责任担当核心素养的三个基本点的表现（均值）

基本点	平均值	标准差
社会责任	4.6947	0.4632
国家认同	4.6085	0.5377
国际理解	4.7089	0.5701

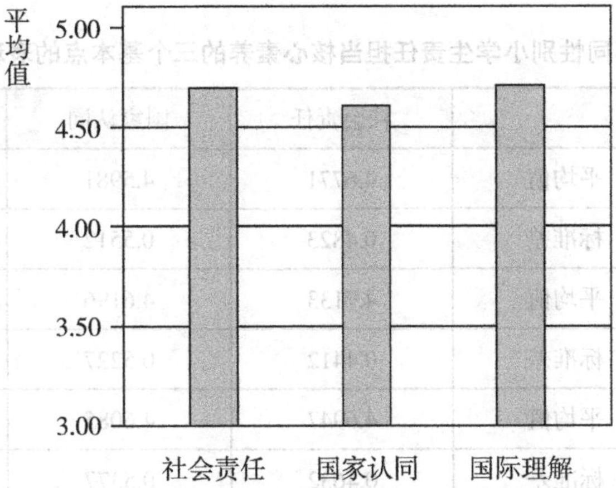

图3–16 小学生责任担当三个基本点的表现水平

小学生责任担当核心素养的三个基本点的发展水平并不完全相同。其中，国际理解的发展水平最高（均值为4.7089分），社会责任和国家认同的均值分别为4.6947分和4.6085分。

2. 性别比较

进一步对全体男生、女生样本责任担当核心素养的三个基本点——社会责任、国家认同、国际理解的表现情况进行分析，结果见表3–48。

表3–48　不同性别小学生责任担当核心素养的三个基本点的表现

性别		社会责任	国家认同	国际理解
男	平均值	32.74	18.39	4.70
	标准差	3.376	2.205	0.585
女	平均值	32.99	18.48	4.72
	标准差	3.089	2.091	0.553
总计	平均值	32.86	18.43	4.71
	标准差	3.243	2.151	0.570

每个基本点包含的题目数量不同，所以对其求均值，具体情况见表3–49，如图3–17所示。

表3–49　不同性别小学生责任担当核心素养的三个基本点的表现（均值）

性别		社会责任	国家认同	国际理解
男	平均值	4.6771	4.5981	4.7013
	标准差	0.4823	0.5512	0.5854
女	平均值	4.7133	4.6196	4.7171
	标准差	0.4412	0.5227	0.5532
总计	平均值	4.6947	4.6085	4.7089
	标准差	0.4632	0.5377	0.5701

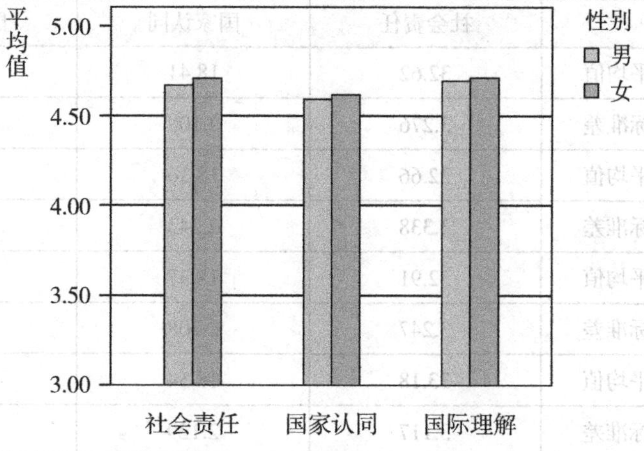

图3-17　不同性别小学生责任担当三个基本点的表现水平

进一步对不同性别小学生社会责任、国家认同、国际理解三个基本点的分数做差异检验，结果见表3-50。

表3-50　不同性别小学生责任担当核心素养的三个基本点的差异检验

基本要点	男生	女生	均值差	显著性
社会责任	4.6771	4.7133	-0.0362	0.0000
国家认同	4.5981	4.6196	-0.0214	0.0000
国际理解	4.7013	4.7171	-0.0158	0.0000

从以上图表数据可以看出，女生社会责任、国家认同和国际理解三个基本点的表现水平均高于男生，且都达到了统计学的显著性水平。

3. 年级比较

对不同年级学生样本责任担当核心素养的三个基本点——社会责任、国家认同、国际理解的表现情况进行分析，结果见表3-51。

表3-51　不同年级小学生责任担当核心素养的三个基本点的表现

年级		社会责任	国家认同	国际理解
1	平均值	32.60	18.42	4.68
	标准差	3.271	2.077	0.555

续 表

年级		社会责任	国家认同	国际理解
2	平均值	32.62	18.41	4.68
	标准差	3.276	2.108	0.568
3	平均值	32.66	18.26	4.67
	标准差	3.338	2.243	0.609
4	平均值	32.91	18.37	4.71
	标准差	3.247	2.208	0.588
5	平均值	33.18	18.54	4.75
	标准差	3.117	2.129	0.548
6	平均值	33.31	18.64	4.78
	标准差	3.108	2.111	0.535
总计	平均值	32.86	18.43	4.71
	标准差	3.243	2.151	0.570

每个基本点包含的题目数量不同，所以对其求均值，具体情况见表3–52，如图3–18所示。

表3–52　不同年级小学生在责任担当核心素养的三个基本要点的表现（均值）

年级		社会责任	国家认同	国际理解
1	平均值	4.6566	4.6053	4.6768
	标准差	0.4672	0.5193	0.5548
2	平均值	4.6600	4.6014	4.6764
	标准差	0.4680	0.5270	0.5685
3	平均值	4.6661	4.5654	4.6710
	标准差	0.4769	0.5608	0.6093
4	平均值	4.7013	4.5933	4.7120
	标准差	0.4638	0.5520	0.5878
5	平均值	4.7396	4.6356	4.7540
	标准差	0.4452	0.5322	0.5477

续 表

年级		社会责任	国家认同	国际理解
6	平均值	4.7589	4.6612	4.7791
	标准差	0.4440	0.5277	0.5346
总计	平均值	4.6947	4.6085	4.7089
	标准差	0.4632	0.5377	0.5701

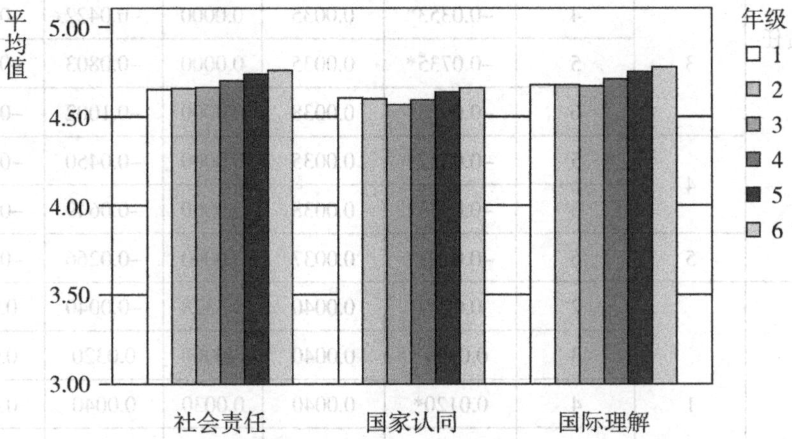

图3-18 不同年级小学生责任担当三个基本点的表现水平

进一步对不同年级小学生在社会责任、国家认同、国际理解三个基本点的分数做差异检验，结果见表3-53。

表3-53 不同年级小学生责任担当核心素养的三个基本点的方差分析

因变量	（I）年级	（J）年级	平均值差值（I-J）	标准误差	显著性	95%置信区间	
						下限	上限
社会责任	1	2	-0.0034	0.0035	0.3252	-0.0102	0.0034
		3	-0.0095*	0.0035	0.0066	-0.0163	-0.0026
		4	-0.0447*	0.0035	0.0000	-0.0515	-0.0379
		5	-0.0830*	0.0034	0.0000	-0.0897	-0.0762
		6	-0.1023*	0.0037	0.0000	-0.1096	-0.0949

续 表

因变量	（I）年级	（J）年级	平均值差值（I–J）	标准误差	显著性	95%置信区间	
						下限	上限
社会责任	2	3	–0.0060	0.0035	0.0866	–0.0129	0.0009
		4	–0.0413*	0.0035	0.0000	–0.0482	–0.0344
		5	–0.0796*	0.0035	0.0000	–0.0864	–0.0727
		6	–0.0988*	0.0038	0.0000	–0.1062	–0.0914
	3	4	–0.0353*	0.0035	0.0000	–0.0422	–0.0284
		5	–0.0735*	0.0035	0.0000	–0.0803	–0.0667
		6	–0.0928*	0.0038	0.0000	–0.1002	–0.0854
	4	5	–0.0382*	0.0035	0.0000	–0.0450	–0.0314
		6	–0.0575*	0.0038	0.0000	–0.0649	–0.0501
	5	6	–0.0193*	0.0037	0.0000	–0.0266	–0.0120
国家认同	1	2	0.0039	0.0040	0.3328	–0.0040	0.0118
		3	0.0399*	0.0040	0.0000	0.0320	0.0479
		4	0.0120*	0.0040	0.0030	0.0040	0.0199
		5	–0.0303*	0.0040	0.0000	–0.0382	–0.0225
		6	–0.0559*	0.0043	0.0000	–0.0644	–0.0474
	2	3	0.0360*	0.0041	0.0000	0.0280	0.0440
		4	0.0080*	0.0041	0.0489	0.0000	0.0160
		5	–0.0343*	0.0040	0.0000	–0.0422	–0.0263
		6	–0.0598*	0.0044	0.0000	–0.0684	–0.0512
	3	4	–0.0280*	0.0041	0.0000	–0.0360	–0.0200
		5	–0.0703*	0.0041	0.0000	–0.0782	–0.0623
		6	–0.0958*	0.0044	0.0000	–0.1045	–0.0872
	4	5	–0.0423*	0.0040	0.0000	–0.0502	–0.0344
		6	–0.0679*	0.0044	0.0000	–0.0765	–0.0593
	5	6	–0.0256*	0.0043	0.0000	–0.0341	–0.0171
国际理解	1	2	0.0004	0.0043	0.9263	–0.0080	0.0088
		3	0.0058	0.0043	0.1778	–0.0026	0.0142

续 表

因变量	（I）年级	（J）年级	平均值差值（I–J）	标准误差	显著性	95%置信区间	
						下限	上限
国际理解	1	4	–0.0353*	0.0043	0.0000	–0.0436	–0.0269
		5	–0.0772*	0.0042	0.0000	–0.0855	–0.0689
		6	–0.1023*	0.0046	0.0000	–0.1113	–0.0933
	2	3	0.0054	0.0043	0.2146	–0.0031	0.0139
		4	–0.0357*	0.0043	0.0000	–0.0441	–0.0272
		5	–0.0776*	0.0043	0.0000	–0.0860	–0.0692
		6	–0.1027*	0.0046	0.0000	–0.1118	–0.0936
	3	4	–0.0410*	0.0043	0.0000	–0.0495	–0.0326
		5	–0.0830*	0.0043	0.0000	–0.0914	–0.0746
		6	–0.1081*	0.0047	0.0000	–0.1172	–0.0990
	4	5	–0.0420*	0.0043	0.0000	–0.0504	–0.0336
		6	–0.0670*	0.0046	0.0000	–0.0761	–0.0580
	5	6	–0.0251*	0.0046	0.0000	–0.0341	–0.0160
* 平均值差值的显著性水平为0.05，分析方法为LSD							

从以上图表中的数据可以看出，小学生社会责任、国家认同、国际理解三个基本点的表现并不相同。在社会责任基本点上，小学生的分数随年级的升高而增加，除一年级与二年级、二年级与三年级之间没有显著差异外，其余年级之间均具有显著差异。

在国家认同基本点上，一年级比三、四年级表现好，比五、六年级表现差，且差异具有显著性；二年级比四、五、六年级表现差，且差异具有显著性；三、四、五、六年级随年级升高分数递增，且年级之间具有显著差异。

在国际理解基本点上，一、二年级分数持平，三年级比一、二年级分数略低，在所有年级中处于最低水平，且一、二、三年级之间没有显著差异；从四年级开始，小学生的分数随年级的升高而增加，且各年级之间存在显著差异。

（六）学生实践创新核心素养的三个基本点的表现

1. 总体表现

实践创新核心素养包括劳动意识、问题解决、技术运用三个基本点。进一步分析全体学生实践创新三个基本点的表现情况，见表3–54。

表3–54　小学生实践创新核心素养三个基本点的表现

基本点	平均值	标准差
劳动意识	13.40	1.854
问题解决	4.23	.897
技术运用	8.81	1.338

每个基本点所包含的题目数量不同，所以对其求均值，具体情况见表3–55，如图3–19所示。

表3–55　小学生实践创新核心素养三个基本点的表现（均值）

基本点	平均值	标准差
劳动意识	4.4680	0.61798
问题解决	4.2298	0.89710
技术运用	4.4058	0.66925

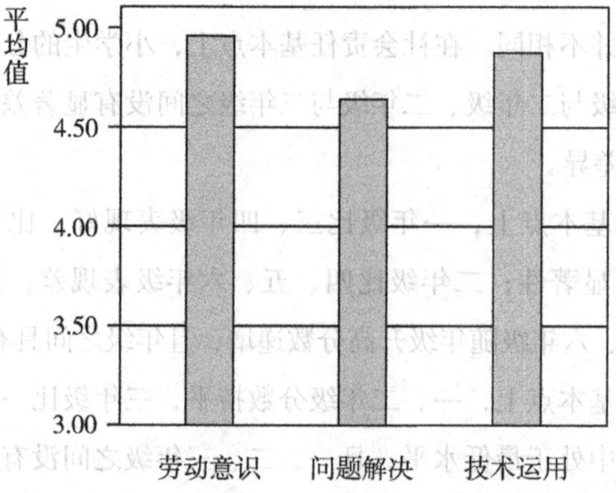

图3–19　小学生实践创新核心素养三个基本点的表现

小学生实践创新核心素养的三个基本点的发展水平并不完全相同。其中，劳动意识的发展水平最高（均值为4.4680分），技术运用和问题解决的均值分别为4.4058分和4.2298分。

2. 性别比较

进一步对全体男生、女生样本实践创新核心素养的三个基本点——劳动意识、问题解决、技术运用的表现情况进行分析，结果见表3–56。

表3–56 不同性别小学生实践创新核心素养三个基本点的表现

性别		劳动意识	问题解决	技术运用
男	平均值	13.33	4.23	8.79
	标准差	1.894	0.904	1.363
女	平均值	13.49	4.23	8.84
	标准差	1.807	0.890	1.311
总计	平均值	13.40	4.23	8.81
	标准差	1.854	0.897	1.338

每个基本点所包含的题目数量不同，所以对其求均值，具体情况见表3–57，如图3–20所示。

表3–57 不同性别小学生实践创新核心素养三个基本点的表现（均值）

性别		劳动意识	问题解决	技术运用
男	平均值	4.4427	4.2317	4.3930
	标准差	0.6312	0.9038	0.6816
女	平均值	4.4951	4.2278	4.4194
	标准差	0.6024	0.8899	0.6555
总计	平均值	4.4680	4.2298	4.4058
	标准差	0.6180	0.8971	0.6692

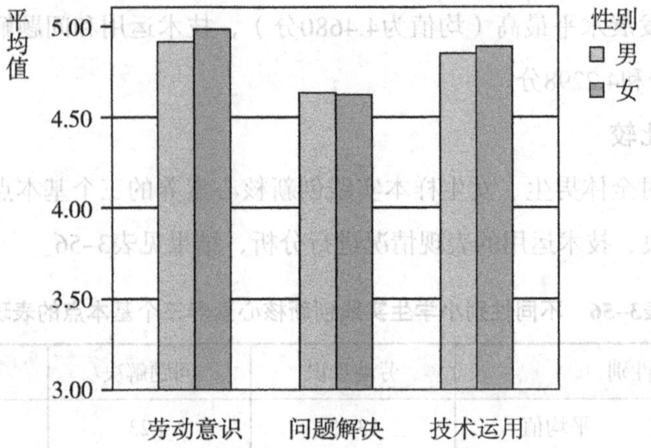

图3–20 小学生实践创新核心素养三个基本点的表现

进一步对不同性别小学生劳动意识、问题解决、技术运用三个基本点的分数做差异检验，结果见表3–58。

表3–58 不同性别小学生实践创新三个基本点的差异检验

基本点	男生	女生	均值差	显著性
劳动意识	4.4427	4.4951	–0.0524	0.0000
问题解决	4.2317	4.2278	0.0039	0.3340
技术运用	4.3930	4.4194	–0.0264	0.0000

从以上图表中的数据可以看出，女生劳动意识、技术运用两个基本点的表现水平均高于男生，且都达到了统计学的显著性水平；在问题解决基本点上，男生的表现略微好于女生，但是没有达到统计学的显著性水平。

3. 年级比较

对不同年级学生样本实践创新核心素养的三个基本点——劳动意识、问题解决、技术运用的表现情况进行分析，结果见表3–59。

表3-59 不同年级小学生实践创新核心素养三个基本点的表现

年级		劳动意识	问题解决	技术运用
1	平均值	13.43	3.97	8.65
	标准差	1.768	0.971	1.340
2	平均值	13.40	4.13	8.71
	标准差	1.797	0.907	1.321
3	平均值	13.30	4.18	8.71
	标准差	1.900	0.914	1.362
4	平均值	13.37	4.30	8.84
	标准差	1.902	0.860	1.348
5	平均值	13.47	4.39	8.97
	标准差	1.871	0.817	1.301
6	平均值	13.47	4.45	9.02
	标准差	1.886	0.794	1.315
总计	平均值	13.40	4.23	8.81
	标准差	1.854	0.897	1.338

每个基本点所包含的题目数量不同，所以对其求均值，具体情况见表3-60，如图3-21所示。

表3-60 不同年级小学生实践创新核心素养三个基本点的表现（均值）

年级		劳动意识	问题解决	技术运用
1	平均值	4.4777	3.9742	4.3268
	标准差	0.5895	0.9710	0.6698
2	平均值	4.4662	4.1331	4.3570
	标准差	0.5991	0.9073	0.6607
3	平均值	4.4331	4.1821	4.3570
	标准差	0.6333	0.9142	0.6810
4	平均值	4.4561	4.3026	4.4220
	标准差	0.6342	0.8597	0.6738

续 表

年级		劳动意识	问题解决	技术运用
5	平均值	4.4894	4.3898	4.4848
	标准差	0.6235	0.8165	0.6503
6	平均值	4.4893	4.4532	4.5119
	标准差	0.6286	0.7940	0.6575
总计	平均值	4.4680	4.2298	4.4058
	标准差	0.6180	0.8971	0.6692

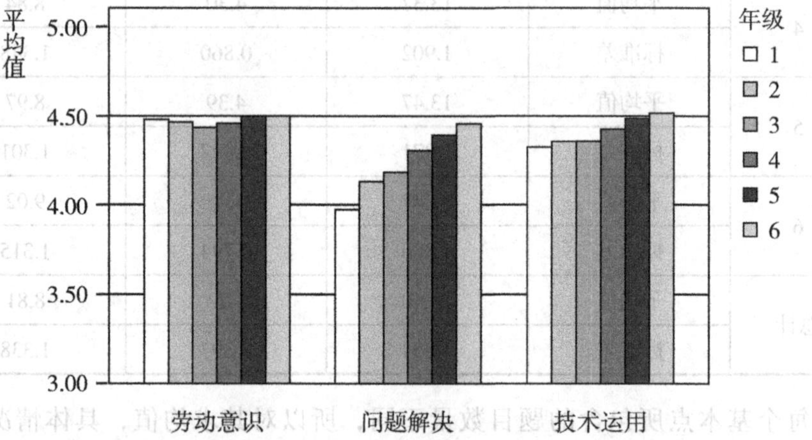

图3-21 不同年级小学生实践创新核心素养三个基本点的表现

进一步对不同年级小学生劳动意识、问题解决、技术运用三个基本点的分数做差异检验，结果见表3-61。

表3-61 不同年级小学生实践创新核心素养三个基本点的方差分析

因变量	（I）年级	（J）年级	平均值差值（I-J）	标准误差	显著性	95%置信区间	
						下限	上限
劳动意识	1	2	0.0115*	0.0047	0.0136	0.0024	0.0206
		3	0.0446*	0.0047	0.0000	0.0355	0.0538
		4	0.0217*	0.0046	0.0000	0.0126	0.0308
		5	–0.0116*	0.0046	0.0114	–0.0207	–0.0026

续 表

因变量	（I）年级	（J）年级	平均值差值（I-J）	标准误差	显著性	95%置信区间	
						下限	上限
劳动意识	1	6	-0.0116*	0.0050	0.0204	-0.0214	-0.0018
	2	3	0.0332*	0.0047	0.0000	0.0239	0.0424
		4	0.0102*	0.0047	0.0303	0.0010	0.0194
		5	-0.0231*	0.0047	0.0000	-0.0322	-0.0140
		6	-0.0231*	0.0050	0.0000	-0.0330	-0.0132
	3	4	-0.0230*	0.0047	0.0000	-0.0322	-0.0138
		5	-0.0563*	0.0047	0.0000	-0.0654	-0.0471
		6	-0.0562*	0.0051	0.0000	-0.0661	-0.0463
	4	5	-0.0333*	0.0046	0.0000	-0.0424	-0.0242
		6	-0.0332*	0.0050	0.0000	-0.0431	-0.0234
	5	6	0.0000	0.0050	0.9930	-0.0098	0.0098
问题解决	1	2	-0.1588*	0.0066	0.0000	-0.1719	-0.1458
		3	-0.2078*	0.0067	0.0000	-0.2209	-0.1948
		4	-0.3284*	0.0066	0.0000	-0.3414	-0.3154
		5	-0.4155*	0.0066	0.0000	-0.4284	-0.4026
		6	-0.4790*	0.0071	0.0000	-0.4930	-0.4650
	2	3	-0.0490*	0.0067	0.0000	-0.0622	-0.0358
		4	-0.1695*	0.0067	0.0000	-0.1827	-0.1564
		5	-0.2567*	0.0067	0.0000	-0.2697	-0.2437
		6	-0.3202*	0.0072	0.0000	-0.3343	-0.3060
	3	4	-0.1205*	0.0067	0.0000	-0.1337	-0.1074
		5	-0.2077*	0.0067	0.0000	-0.2208	-0.1946
		6	-0.2712*	0.0072	0.0000	-0.2853	-0.2570
	4	5	-0.0872*	0.0066	0.0000	-0.1002	-0.0742
		6	-0.1506*	0.0072	0.0000	-0.1648	-0.1365
	5	6	-0.0635*	0.0071	0.0000	-0.0775	-0.0495

续表

因变量	(I)年级	(J)年级	平均值差值(I-J)	标准误差	显著性	95%置信区间	
						下限	上限
技术运用	1	2	-0.0301*	0.0050	0.0000	-0.0400	-0.0203
		3	-0.0301*	0.0050	0.0000	-0.0400	-0.0203
		4	-0.0952*	0.0050	0.0000	-0.1050	-0.0854
		5	-0.1580*	0.0050	0.0000	-0.1677	-0.1483
		6	-0.1851*	0.0054	0.0000	-0.1957	-0.1745
	2	3	0.0000	0.0051	0.9998	-0.0100	0.0100
		4	-0.0651*	0.0051	0.0000	-0.0750	-0.0551
		5	-0.1278*	0.0050	0.0000	-0.1377	-0.1180
		6	-0.1550*	0.0054	0.0000	-0.1656	-0.1443
	3	4	-0.0651*	0.0051	0.0000	-0.0750	-0.0551
		5	-0.1278*	0.0050	0.0000	-0.1377	-0.1180
		6	-0.1550*	0.0054	0.0000	-0.1656	-0.1443
	4	5	-0.0628*	0.0050	0.0000	-0.0726	-0.0529
		6	-0.0899*	0.0054	0.0000	-0.1005	-0.0792
	5	6	-0.0271*	0.0054	0.0000	-0.0377	-0.0166
* 平均值差值的显著性水平为0.05，比较方法为LSD							

从以上图表中的数据可以看出，小学生劳动意识、问题解决、技术运用三个基本点的表现并不相同。在劳动意识基本点上，一、二、三年级学生的分数随年级升高而递减，四、五、六年级学生的分数随年级升高而递增，其中三年级分数最低。除五、六年级之间没有显著差异之外，其余年级之间差异均显著。

在问题解决基本点上，小学生的分数随年级的升高而递增，且年级之间的差异均显著。

在技术运用基本点上，小学生的分数随年级的升高而递增，除二年级和三年级之间差异不显著以外，其余年级之间差异均显著。

第四章　山东省小学教师核心素养教学表现分析

一、总体分析

学生和教师是教学过程中最重要的两大要素，教师的教学对学生的成长与发展具有重要的影响。教师培养学生核心素养的教学表现从理论上说也会对学生的核心素养发展产生直接而重要的影响。因此，我们在教师问卷部分设置了一些典型的培养学生核心素养的教学表现项目，测查教师在教学中培养学生核心素养的教学表现情况。

分析教师问卷中教师自我评价关于培养学生六大核心素养的教学表现情况，具体见表4–1。

表4–1　教师自我评价关于培养学生核心素养的教学表现

核心素养教学表现	平均值	标准差
人文底蕴教学	28.69	4.164
科学精神教学	26.94	3.444
学会学习教学	44.26	5.670
健康生活教学	51.04	6.093
责任担当教学	53.58	6.955
实践创新教学	30.52	4.507

每个核心素养所包含的题目数量不同，所以对其求均值，具体情况见表4–2，如图4–1所示。

表4–2　教师自我评价关于培养学生核心素养的教学表现（均值）

核心素养教学表现	平均值	标准差
人文底蕴教学	4.0988	0.5949
科学精神教学	4.4906	0.5739
学会学习教学	4.4260	0.5670
健康生活教学	4.2530	0.5077
责任担当教学	4.4651	0.5796
实践创新教学	4.3554	0.6457

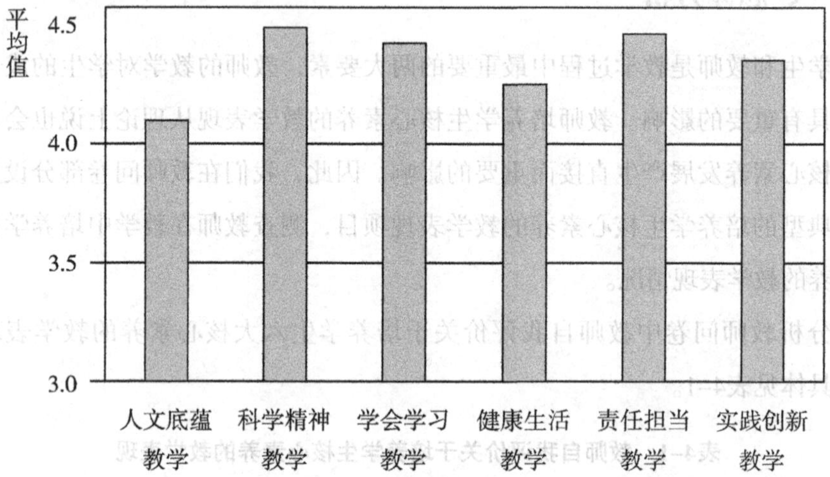

图4–1　教师自我评价关于培养学生核心素养的教学表现

从以上数据可以看出，教师在教学中培养学生六大核心素养的教学表现情况良好。其中科学精神教学表现水平最高（均值为4.4906分），其次是责任担当教学（均值为4.4651分），学会学习教学表现水平也较为突出（均值为4.4260分）。由此可以看出，相对来说，教师在教学中比较重视培养学生科学精神、责任担当和学会学习的核心素养。人文底蕴教学表现水平最低（均值为4.0988分），其次较低的是健康生活教学（均值为4.2530分），反映出教师在教学中对学生人文底蕴和健康生活的培养相对偏弱。

二、教师在教学中培养学生各核心素养基本点的教学表现分析

1. 教师人文底蕴核心素养三个基本点的教学表现分析

人文底蕴核心素养包括三个基本点——人文积淀、人文情怀和审美情趣，因此，培养学生的人文底蕴核心素养也需要从这三个基本点来进行。所以我们要想分析教师在人文底蕴核心素养上的教学表现，需要进一步具体分析教师在培养学生人文积淀、人文情怀和审美情趣三个方面的教学表现情况。

首先分析教师通过问卷反馈的其在培养学生人文积淀、人文情怀和审美情趣三个方面的教学表现情况。具体数据见表4–3。

表4–3 教师自我评价关于培养学生人文底蕴核心素养的教学表现

人文底蕴核心素养基本点	平均值	标准差
人文积淀教学	10.69	2.567
人文情怀教学	13.65	1.659
审美情趣教学	4.35	.844

每个基本点所包含的题目数量不同，所以对其求均值，具体情况见表4–4，如图4–2所示。

表4–4 教师自我评价关于培养学生人文底蕴核心素养的教学表现（均值）

人文底蕴核心素养基本点	平均值	标准差
人文积淀教学	3.5637	0.8555
人文情怀教学	4.5501	0.5529
审美情趣教学	4.3500	0.8440

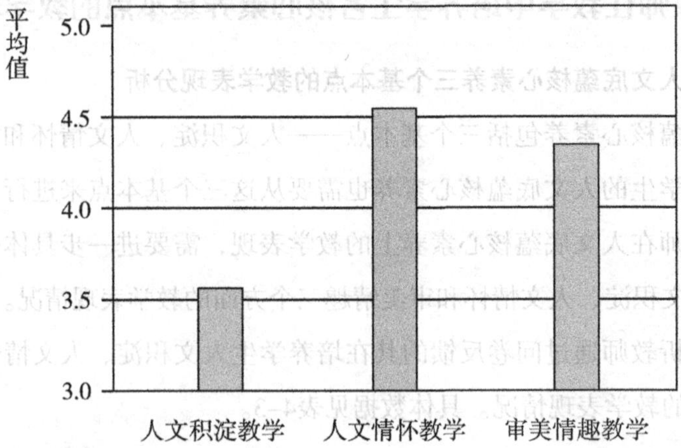

图4-2　教师自我评价关于培养学生人文底蕴核心素养的教学表现

从以上图表中的数据可以看出，在培养学生人文底蕴核心素养的教学中，教师在不同基本点方面的教学表现并不相同。教师认为自己在培养人文情怀方面的教学表现更好一些（均值为4.5501分），其次是在培养审美情趣方面的教学表现（均值为4.3500分），在培养人文积淀方面的教学表现稍差一些（均值为3.5637分）。

2. 教师科学精神核心素养三个基本点的教学表现分析

科学精神核心素养包括三个基本点——理性思维、批判质疑和勇于探究。因此，培养学生的科学精神核心素养也需要从这三个基本点来进行。所以我们要想分析教师在科学精神核心素养上的教学表现，需要进一步具体分析教师在培养学生理性思维、批判质疑和勇于探究三个方面的教学表现情况。

首先分析教师通过问卷反馈的其在培养学生理性思维、批判质疑和勇于探究三个方面的教学表现情况。具体数据见表4-5。

表4-5　教师自我评价关于培养学生科学精神核心素养的教学表现

科学精神核心素养基本点	平均值	标准差
理性思维教学	9.10	1.177
批判质疑教学	9.05	1.207
勇于探究教学	8.80	1.358

每个基本点所包含的题目数量不同，所以对其求均值，具体情况见表4–6，如图4–3所示。

表4–6　教师自我评价关于培养学生科学精神核心素养的教学表现（均值）

科学精神核心素养基本点	平均值	标准差
理性思维教学	4.5490	0.5885
批判质疑教学	4.5230	0.6033
勇于探究教学	4.3990	0.6791

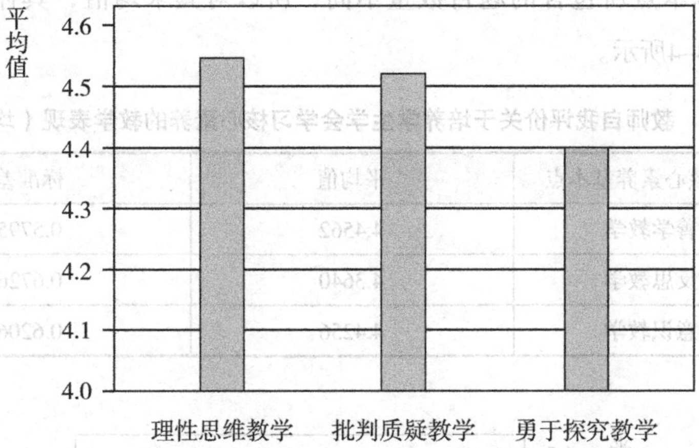

图4–3　教师自我评价关于培养学生科学精神核心素养的教学表现

从以上图表中的数据可以看出，在培养学生科学精神核心素养的教学中，教师在不同基本点方面的教学表现并不相同。教师认为自己在培养理性思维方面的教学表现更好一些（均值为4.5490分），其次是在培养批判质疑方面的教学表现（均值为4.5230分），在培养勇于探究方面的教学表现稍弱一些（均值为4.3990分）。

3. 教师学会学习核心素养三个基本点的教学表现分析

学会学习核心素养包括三个基本点——乐学善学、勤于反思和信息意识。因此，培养学生的学会学习核心素养也需要从这三个基本点来进行。所以我们要想分析教师在学会学习核心素养上的教学表现，需要进一步具体分析教师在培养学生乐学善学、勤于反思和信息意识三个方面的教学表现情况。

首先分析教师通过问卷反馈的其在培养学生乐学善学、勤于反思和信息意识三个方面的教学表现情况。具体数据见表4–7。

表4–7　教师自我评价关于培养学生学会学习核心素养的教学表现

学会学习核心素养基本点	平均值	标准差
乐学善学教学	17.82	2.318
勤于反思教学	8.73	1.345
信息意识教学	17.70	2.482

每个基本点所包含的题目数量不同，所以对其求均值，具体情况见表4–8，如图4–4所示。

表4–8　教师自我评价关于培养学生学会学习核心素养的教学表现（均值）

学会学习核心素养基本点	平均值	标准差
乐学善学教学	4.4562	0.5795
勤于反思教学	4.3640	0.6726
信息意识教学	4.4256	0.6206

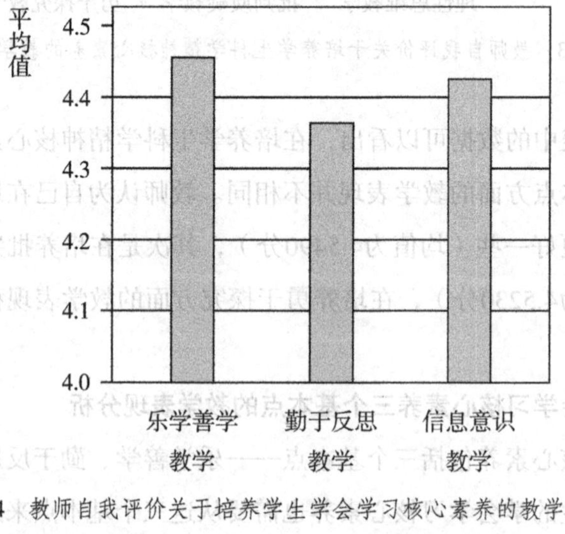

图4–4　教师自我评价关于培养学生学会学习核心素养的教学表现

从以上图表中的数据可以看出，在培养学生学会学习核心素养的教学中，教师在不同基本点方面的教学表现并不相同。教师认为自己在培养乐学善学方面的教学表现更好一些（均值为4.4562分），其次是在培养信息意识方面的教学表现（均值为4.4256分），在培养勤于反思方面的教学表现稍差一些（均值为4.3640分）。

4. 教师健康生活核心素养三个基本点的教学表现分析

健康生活核心素养包括三个基本要点——珍爱生命、健全人格和自我管理。因此，培养学生的健康生活核心素养也需要从这三个基本点来进行。所以我们要想分析教师在健康生活核心素养上的教学表现，需要进一步具体分析教师在培养学生珍爱生命、健全人格和自我管理三个方面的教学表现情况。

首先分析教师通过问卷反馈的其在培养学生珍爱生命、健全人格和自我管理三个方面的教学表现情况。具体数据见表4–9。

表4–9　教师自我评价关于培养学生健康生活核心素养的教学表现

健康生活核心素养基本点	平均值	标准差
珍爱生命教学	18.14	2.310
健全人格教学	14.78	2.089
自我管理教学	18.11	2.261

每个基本点所包含的题目数量不同，所以对其求均值，具体情况见表4–10，如图4–5所示。

表4–10　教师自我评价关于培养学生健康生活核心素养的教学表现（均值）

健康生活核心素养基本点	平均值	标准差
珍爱生命教学	4.5348	0.5776
健全人格教学	3.6958	0.5223
自我管理教学	4.5285	0.5653

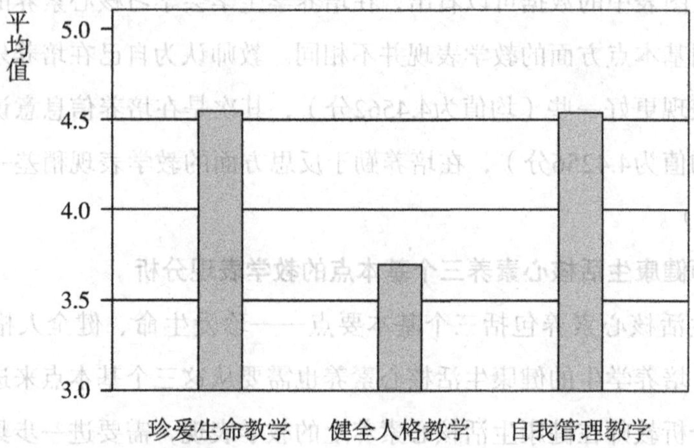

图4-5　教师自我评价关于培养学生健康生活核心素养的教学表现

从以上图表中的数据可以看出，在培养学生健康生活核心素养的教学中，教师在不同基本点方面的教学表现并不相同。教师认为自己在培养珍爱生命方面的教学表现更好一些（均值为4.5348分），其次是在培养自我管理方面的教学表现（均值为4.5285分），在培养健全人格方面的教学表现稍差一些（均值为3.6958分）。

5. 教师责任担当核心素养三个基本点的教学表现分析

责任担当核心素养包括三个基本点——社会责任、国家认同和国际理解。因此，培养学生的责任担当核心素养也需要从这三个基本点来进行。所以我们要想分析教师在责任担当核心素养上的教学表现，需要进一步具体分析教师在培养学生社会责任、国家认同和国际理解三个方面的教学表现情况。

首先分析教师通过问卷反馈的其在培养学生社会责任、国家认同和国际理解三个方面的教学表现情况。具体数据见表4-11。

表4-11　教师自我评价关于培养学生责任担当核心素养的教学表现

责任担当核心素养基本点	平均值	标准差
社会责任教学	26.94	3.418
国家认同教学	17.92	2.509
国际理解教学	8.72	1.480

每个基本点所包含的题目数量不同，所以对其求均值，具体情况见表4–12，如图4–6所示。

表4–12　教师自我评价关于培养学生责任担当核心素养的教学表现（均值）

责任担当核心素养基本点	平均值	标准差
社会责任教学	4.4898	0.5697
国家认同教学	4.4803	0.6272
国际理解教学	4.3610	0.7402

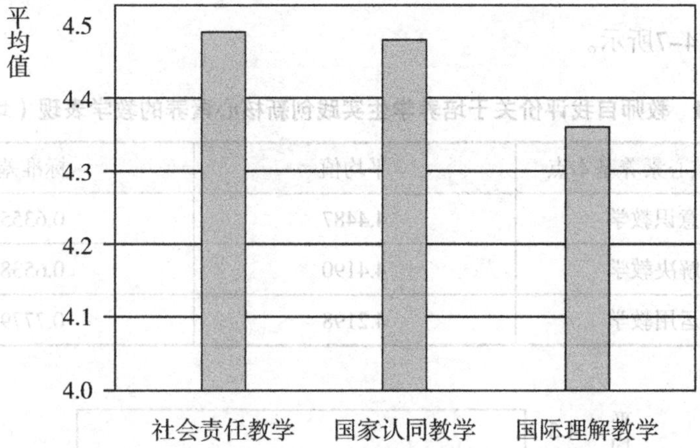

图4–6　教师自我评价关于培养学生责任担当核心素养的教学表现

从以上图表中的数据可以看出，在培养学生责任担当核心素养的教学中，教师在不同基本点方面的教学表现并不相同。教师认为自己在培养社会责任方面的教学表现更好一些（均值为4.4898分），其次是在培养国家认同方面的教学表现（均值为4.4803分），在培养国际理解方面的教学表现稍差一些（均值为4.3610分）。

6. 教师实践创新核心素养三个基本点的教学表现分析

实践创新核心素养包括三个基本点——劳动意识、问题解决和技术运用。因此，培养学生的实践创新核心素养也需要从这三个基本点来进行。所以我们要想分析教师在实践创新核心素养上的教学表现，需要进一步具体分析教师在培养学生劳动意识、问题解决和技术运用三个方面的教学表现情况。

首先分析教师通过问卷反馈的其在培养学生劳动意识、问题解决和技术运用三个方面的教学表现情况。具体数据见表4–13。

表4–13　教师自我评价关于培养学生实践创新核心素养的教学表现

实践创新核心素养基本点	平均值	标准差
劳动意识教学	13.35	1.907
问题解决教学	8.84	1.308
技术运用教学	12.66	2.334

每个基本点所包含的题目数量不同，所以对其求均值，具体情况见表4–14，如图4–7所示。

表4–14　教师自我评价关于培养学生实践创新核心素养的教学表现（均值）

实践创新核心素养基本点	平均值	标准差
劳动意识教学	4.4487	0.6355
问题解决教学	4.4190	0.6538
技术运用教学	4.2198	0.7779

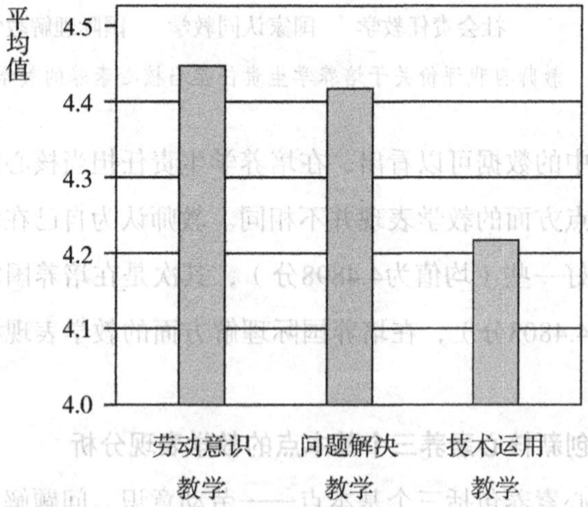

图4–7　教师自我评价关于培养学生实践创新核心素养的教学表现

从以上图表中的数据可以看出，在培养学生实践创新核心素养的教学中，教师在不同基本点方面的教学表现不尽相同。教师认为自己在培养劳动意识方面的教学表现更好一些（均值为4.4487分），其次是在培养问题解决方面的教学表现（均值为4.4190分），在培养技术运用方面的教学表现稍差一些（均值为4.2198分）。

三、不同类型教师培养学生核心素养的教学表现的比较分析

1. 不同性别教师培养学生核心素养的教学表现分析

考虑到教师的性别、职称、教龄、专兼职等因素都有可能影响教师培养学生核心素养的教学表现，我们分别对从教师问卷中获得的数据中的这些因素进行了分析。首先我们分析了不同性别教师在教学中培养学生核心素养的教学表现情况。结果见表4–15所示。

表4–15　不同性别教师培养学生六大核心素养的教学表现情况

性别		人文底蕴教学	科学精神教学	学会学习教学	健康生活教学	责任担当教学	实践创新教学
男	均值	28.39	26.42	43.51	50.13	52.45	34.05
	标准差	4.23	3.67	5.99	6.43	7.23	5.30
女	均值	28.79	27.12	44.50	51.34	53.96	35.11
	标准差	4.14	3.35	5.54	5.95	6.82	5.09

每个基本点所包含的题目数量不同，所以对其求均值，具体情况见表4–16，如4–8所示。

表4–16　不同性别教师培养学生六大核心素养的教学表现情况（均值）

性别		人文底蕴教学	科学精神教学	学会学习教学	健康生活教学	责任担当教学	实践创新教学
男	均值	4.056	4.403	4.351	4.177	4.371	4.256
	标准差	0.604	0.611	0.599	0.536	0.602	0.663
女	均值	4.113	4.520	4.450	4.278	4.496	4.388
	标准差	0.591	0.558	0.554	0.495	0.568	0.637

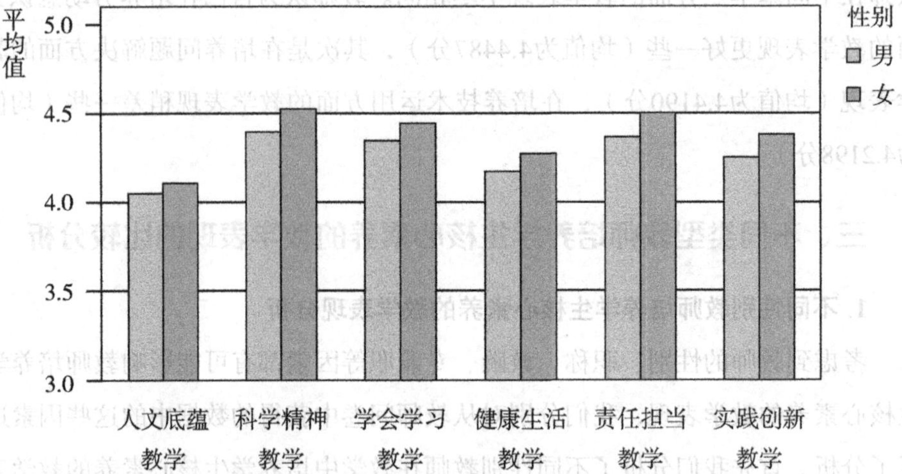

图4-8　不同性别教师培养学生六大核心素养的教学表现比较

从以上图表中的数据可以看出，不同性别教师在教学中对学生六大核心素养培养表现情况与总体相同，即相对比较重视科学精神和责任担当核心素养的培养，而对人文底蕴和健康生活核心素养培养的教学相对偏弱。女教师在教学中培养学生六大核心素养的教学表现均比男教师好。

进一步对不同性别教师培养学生六大核心素养的教学表现的差异进行独立样本t检验，结果见表4–17所示。

表4–17　男、女教师培养学生六大核心素养的教学表现的方差分析

核心素养教学	差异值类型	莱文方差等同性检验		平均值等同性t检验						
		F	显著性	t	自由度	显著性（双尾）	平均值差值	标准误差差值	差值95%置信区间	
									下限	上限
人文底蕴教学	假定等方差	0.393	0.531	–5.884	19723	0.000	–0.0576	0.0098	–0.0768	–0.0384
	不假定等方差	—	—	–5.824	8259.694	0.000	–0.0576	0.0099	–0.0770	–0.0382

续 表

核心素养教学	差异值类型	莱文方差等同性检验		平均值等同性 t 检验						
									差值95%置信区间	
		F	显著性	t	自由度	显著性（双尾）	平均值差值	标准误差差值	下限	上限
科学精神教学	假定等方差	41.420	0.000	−12.347	19723	0.000	−0.1162	0.0094	−0.1347	−0.0978
	不假定等方差	—	—	−11.803	7812.103	0.000	−0.1162	0.0098	−0.1355	−0.0969
学会学习教学	假定等方差	23.280	0.000	−10.690	19723	0.000	−0.0995	0.0093	−0.1177	−0.0813
	不假定等方差	—	—	−10.281	7885.243	0.000	−0.0995	0.0097	−0.1185	−0.0805
健康生活教学	假定等方差	38.710	0.000	−12.104	19723	0.000	−0.1008	0.0083	−0.1171	−0.0845
	不假定等方差	—	—	−11.636	7880.363	0.000	−0.1008	0.0087	−0.1178	−0.0838
责任担当教学	假定等方差	14.931	0.000	−13.216	19723	0.000	−0.1256	0.0095	−0.1442	−0.1069
	不假定等方差	—	—	−12.838	8011.967	0.000	−0.1256	0.0098	−0.1447	−0.1064
实践创新教学	假定等方差	1.779	0.182	−12.475	19723	0.000	−0.1321	0.0106	−0.1529	−0.1113
	不假定等方差	—	—	−12.226	8126.725	0.000	−0.1321	0.0109	−0.1533	−0.1109

经过独立样本t检验分析发现，女教师在教学中培养学生六大核心素养的表现情况与男教师差异显著，即女教师在教学中培养学生六大核心素养的教学表现均显著好于男教师。

2. 不同年级教师培养学生六大核心素养的教学表现分析

对不同年级教师在教学中培养学生六大核心素养的教学表现情况进行分析，结果见表4–18。

表4–18　不同年级教师培养学生六大核心素养的教学表现情况

所教年级		人文底蕴教学	科学精神教学	学会学习教学	健康生活教学	责任担当教学	实践创新教学
1	平均值	28.71	27.06	44.32	51.26	53.75	35.00
	标准差	4.173	3.403	5.675	5.987	6.926	5.169
2	平均值	28.59	26.84	44.02	50.81	53.28	34.68
	标准差	4.152	3.422	5.638	6.041	6.967	5.152
3	平均值	28.47	26.82	44.11	50.82	53.32	34.78
	标准差	4.226	3.524	5.803	6.267	7.190	5.230
4	平均值	28.61	26.77	43.99	50.78	53.31	34.67
	标准差	4.210	3.531	5.684	6.173	6.944	5.147
5	平均值	28.86	27.06	44.45	51.19	53.82	34.93
	标准差	4.131	3.383	5.706	6.166	6.961	5.175
6	平均值	29.00	27.18	44.78	51.48	54.17	35.04
	标准差	4.039	3.353	5.409	5.823	6.598	5.090

每个核心素养所包含的题目数量不同，所以对其求均值，具体情况见表4–19，如图4–9所示。

表4–19　不同年级教师培养学生六大核心素养的教学表现情况（均值）

所教年级		人文底蕴教学	科学精神教学	学会学习教学	健康生活教学	责任担当教学	实践创新教学
1	平均值	4.1020	4.5095	4.4320	4.2717	4.4792	4.3755
	标准差	0.5961	0.5672	0.5675	0.4989	0.5771	0.6461

续表

所教年级		人文底蕴教学	科学精神教学	学会学习教学	健康生活教学	责任担当教学	实践创新教学
2	平均值	4.0847	4.4737	4.4020	4.2344	4.4397	4.3353
	标准差	0.5932	0.5704	0.5638	0.5034	0.5806	0.6439
3	平均值	4.0675	4.4693	4.4110	4.2347	4.4433	4.3480
	标准差	0.6037	0.5873	0.5803	0.5223	0.5992	0.6538
4	平均值	4.0871	4.4620	4.3990	4.2315	4.4427	4.3334
	标准差	0.6014	0.5885	0.5684	0.5144	0.5786	0.6434
5	平均值	4.1226	4.5097	4.4450	4.2654	4.4850	4.3665
	标准差	0.5902	0.5638	0.5706	0.5138	0.5801	0.6469
6	平均值	4.1426	4.5299	4.4780	4.2902	4.5146	4.3800
	标准差	0.5770	0.5588	0.5409	0.4852	0.5498	0.6362

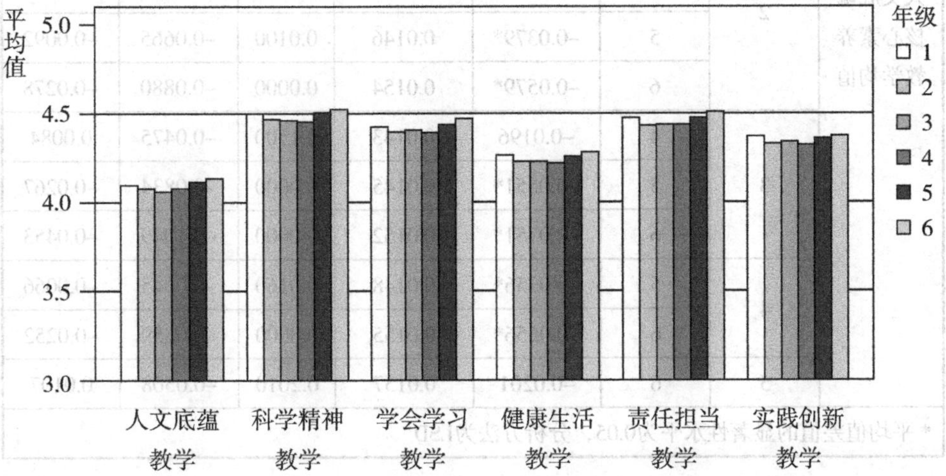

图4-9　不同年级教师培养学生六大核心素养的教学表现情况

从以上图表中的数据可以看出，不同年级教师在教学中对各核心素养培养的表现情况与总体相同，即相对比较重视科学精神和责任担当核心素养的培养，而对人文底蕴和健康生活核心素养培养的教学相对偏弱。教一、五、六年级的教师在教学中培养学生六大核心素养的教学表现均好于教二、三、四年级的教师。

进一步对不同年级教师培养学生六大核心素养的教学表现的差异进行方差分析，结果见表4–20 ~ 表4–25。

表4–20　不同年级教师培养学生人文底蕴核心素养的教学表现的方差分析

因变量	（I）所教年级	（J）所教年级	平均值差值（I–J）	标准误差	显著性	95%置信区间	
						下限	上限
人文底蕴核心素养教学均值	1	2	0.0173	0.0143	0.2250	–0.0106	0.0452
		3	0.0345*	0.0141	0.0140	0.0069	0.0621
		4	0.0149	0.0144	0.3000	–0.0133	0.0432
		5	–0.0206	0.0146	0.1580	–0.0492	0.0080
		6	–0.0406*	0.0153	0.0080	–0.0707	–0.0106
	2	3	0.0172	0.0141	0.2230	–0.0105	0.0448
		4	–0.0024	0.0144	0.8690	–0.0307	0.0259
		5	–0.0379*	0.0146	0.0100	–0.0665	–0.0092
		6	–0.0579*	0.0154	0.0000	–0.0880	–0.0278
	3	4	–0.0196	0.0143	0.1700	–0.0475	0.0084
		5	–0.0551*	0.0145	0.0000	–0.0834	–0.0267
		6	–0.0751*	0.0152	0.0000	–0.1049	–0.0453
	4	5	–0.0356*	0.0148	0.0160	–0.0645	–0.0066
		6	–0.0556*	0.0155	0.0000	–0.0859	–0.0252
	5	6	–0.0201	0.0157	0.2010	–0.0508	0.0107

* 平均值差值的显著性水平为0.05，分析方法为LSD

通过方差分析可以发现，在人文底蕴核心素养上，相对来讲，教五、六年级的教师比教其他年级的教师表现要好，教三、四年级的教师比其他年级的教师表现相对较差。具体表现为：教一年级的教师比教三年级的教师表现好，比教六年级的教师表现差，且差异存在显著性；教二年级的教师比教五、六年级的教师表现要差，且差异存在显著性；教三年级的教师比教五、六年级的教师表现要差，且差异存在显著性；教四年级的教师比教五、六年级的教师表现要差，且差异存在显著性。

表4–21　不同年级教师培养学生科学精神核心素养的教学表现的方差分析

因变量	（I）所教年级	（J）所教年级	平均值差值（I–J）	标准误差	显著性	95%置信区间	
						下限	上限
科学精神核心素养教学均值	1	2	0.0358*	0.0137	0.0090	0.0089	0.0628
		3	0.0403*	0.0136	0.0030	0.0137	0.0669
		4	0.0475*	0.0139	0.0010	0.0203	0.0747
		5	–0.0001	0.0141	0.9920	–0.0277	0.0274
		6	–0.0204	0.0148	0.1680	–0.0494	0.0086
	2	3	0.0044	0.0136	0.7440	–0.0222	0.0311
		4	0.0117	0.0139	0.4030	–0.0156	0.0389
		5	–0.0360*	0.0141	0.0110	–0.0636	–0.0084
		6	–0.0562*	0.0148	0.0000	–0.0853	–0.0272
	3	4	0.0072	0.0138	0.6000	–0.0198	0.0342
		5	–0.0404*	0.0139	0.0040	–0.0678	–0.0131
		6	–0.0607*	0.0147	0.0000	–0.0894	–0.0319
	4	5	–0.0476*	0.0142	0.0010	–0.0756	–0.0197
		6	–0.0679*	0.0149	0.0000	–0.0972	–0.0386
	5	6	–0.0202	0.0151	0.1810	–0.0498	0.0094

* 平均值差值的显著性水平为0.05，分析方法为LSD

通过方差分析可以发现，在科学精神核心素养上，相对来讲，教一年级和五、六年级的教师比教其他年级的教师表现要好。具体表现为：教一年级的教师比教二、三、四年级的教师表现好，且差异存在显著性；教二年级的教师比教五、六年级的教师表现要差，且差异存在显著性；教三年级的教师比教五、六年级的教师表现要差，且差异存在显著性；教四年级的教师比教五、六年级的教师表现要差，且差异存在显著性。

表4–22　不同年级教师培养学生学会学习核心素养的教学表现的方差分析

因变量	(I)所教年级	(J)所教年级	平均值差值(I–J)	标准误差	显著性	95%置信区间	
						下限	上限
学会学习核心素养教学均值	1	2	0.0304*	0.0136	0.0250	0.004	0.057
		3	0.0215	0.0134	0.1090	–0.005	0.048
		4	0.0328*	0.0137	0.0170	0.006	0.060
		5	–0.0134	0.0139	0.3370	–0.041	0.014
		6	–0.0457*	0.0146	0.0020	–0.074	–0.017
	2	3	–0.0089	0.0134	0.5090	–0.035	0.017
		4	0.0024	0.0138	0.8630	–0.025	0.029
		5	–0.0437*	0.0139	0.0020	–0.071	–0.016
		6	–0.0761*	0.0146	0.0000	–0.105	–0.047
	3	4	0.0113	0.0136	0.4080	–0.015	0.038
		5	–0.0349*	0.0138	0.0110	–0.062	–0.008
		6	–0.0672*	0.0145	0.0000	–0.096	–0.039
	4	5	–0.0461*	0.0141	0.0010	–0.074	–0.019
		6	–0.0785*	0.0148	0.0000	–0.107	–0.050
	5	6	–0.0324*	0.0149	0.0300	–0.062	–0.003
* 平均值差值的显著性水平为0.05，分析方法为LSD							

通过方差分析可以发现，在学会学习核心素养上，相对来讲，教六年级的教师比教其他年级的教师表现要好，教一年级和教五年级的教师表现也较好。具体表现为：教一年级的教师比教二、四年级的教师表现好，比教六年级的教师表现差，且差异存在显著性；教二年级的教师比教五、六年级的教师表现要差，且差异存在显著性；教三年级的教师比教五、六年级的教师表现要差，且差异存在显著性；教四年级的教师比教五、六年级的教师表现要差，且差异存在显著性；教五年级的教师比教六年级的教师表现差。

表4–23　不同年级教师培养学生健康生活核心素养的教学表现的方差分析

因变量	（I）所教年级	（J）所教年级	平均值差值（I–J）	标准误差	显著性	95%置信区间	
						下限	上限
健康生活核心素养教学均值	1	2	0.0373*	0.0122	0.0020	0.0135	0.0612
		3	0.0370*	0.0120	0.0020	0.0134	0.0606
		4	0.0403*	0.0123	0.0010	0.0162	0.0644
		5	0.0063	0.0125	0.6130	–0.0181	0.0307
		6	–0.0185	0.0131	0.1570	–0.0441	0.0071
	2	3	–0.0003	0.0120	0.9770	–0.0239	0.0233
		4	0.0029	0.0123	0.8120	–0.0212	0.0271
		5	–0.0310*	0.0125	0.0130	–0.0555	–0.0066
		6	–0.0558*	0.0131	0.0000	–0.0815	–0.0302
	3	4	0.0033	0.0122	0.7880	–0.0206	0.0271
		5	–0.0307*	0.0123	0.0130	–0.0549	–0.0065
		6	–0.0555*	0.0130	0.0000	–0.0809	–0.0301
	4	5	–0.0340*	0.0126	0.0070	–0.0587	–0.0093
		6	–0.0588*	0.0132	0.0000	–0.0847	–0.0328
	5	6	–0.0248	0.0134	0.0640	–0.0510	0.0014

* 平均值差值的显著性水平为0.05，分析方法为LSD

通过方差分析可以发现，在健康生活核心素养上，相对来讲，教一年级和教五、六年级的教师比教其他年级的教师表现要好。具体表现为：教一年级的教师比教二、三、四年级的教师表现好，且差异存在显著性；教二年级的教师比教五、六年级的教师表现要差，且差异存在显著性；教三年级的教师比教五、六年级的教师表现要差，且差异存在显著性；教四年级的教师比教五、六年级的教师表现要差，且差异存在显著性。

表4–24 不同年级教师培养学生责任担当核心素养的教学表现的方差分析

因变量	（I）所教年级	（J）所教年级	平均值差值（I–J）	标准误差	显著性	95%置信区间	
						下限	上限
责任担当核心素养教学均值	1	2	0.0395*	0.0139	0.0040	0.0123	0.0668
		3	0.0360*	0.0137	0.0090	0.0091	0.0628
		4	0.0366*	0.0140	0.0090	0.0091	0.0641
		5	–0.0057	0.0142	0.6870	–0.0336	0.0221
		6	–0.0353*	0.0149	0.0180	–0.0646	–0.0061
	2	3	–0.0036	0.0137	0.7940	–0.0305	0.0233
		4	–0.0030	0.0141	0.8330	–0.0305	0.0246
		5	–0.0453*	0.0142	0.0010	–0.0732	–0.0174
		6	–0.0749*	0.0150	0.0000	–0.1042	–0.0456
	3	4	0.0006	0.0139	0.9640	–0.0266	0.0279
		5	–0.0417*	0.0141	0.0030	–0.0693	–0.0141
		6	–0.0713*	0.0148	0.0000	–0.1003	–0.0423
	4	5	–0.0423*	0.0144	0.0030	–0.0705	–0.0141
		6	–0.0719*	0.0151	0.0000	–0.1015	–0.0423
	5	6	–0.0296	0.0153	0.0520	–0.0595	0.0003

* 平均值差值的显著性水平为0.05，分析方法为LSD

通过方差分析可以发现，在责任担当核心素养上，相对来讲，教一年级和教五、六年级的教师比教其他年级的教师表现要好。具体表现为：教一年级的教师比教二、三、四年级的教师表现好，比教六年级的教师表现差，且差异存在显著性；教二年级的教师比教五、六年级的教师表现要差，且差异存在显著性；教三年级的教师比教五、六年级的教师表现要差，且差异存在显著性；教四年级的教师比教五、六年级的教师表现要差，且差异存在显著性。

表4–25　不同年级教师培养学生实践创新核心素养的教学表现的方差分析

因变量	（I）所教年级	（J）所教年级	平均值差值（I–J）	标准误差	显著性	95%置信区间	
						下限	上限
实践创新核心素养教学均值	1	2	0.0402*	0.0155	0.0090	0.0099	0.0706
		3	0.0276	0.0153	0.0720	–0.0024	0.0575
		4	0.0425*	0.0156	0.0070	0.0115	0.0728
		5	0.0090	0.0158	0.5690	–0.0220	0.0401
		6	–0.0045	0.0166	0.7880	–0.0371	0.0282
	2	3	–0.0127	0.0153	0.4070	–0.0427	0.0173
		4	0.0019	0.0157	0.9020	–0.0288	0.0326
		5	–0.0312*	0.0159	0.0490	–0.0623	–0.0001
		6	–0.0447*	0.0167	0.0070	–0.0774	–0.0120
	3	4	0.0146	0.0155	0.3450	–0.0158	0.0450
		5	–0.0185	0.0157	0.2380	–0.0493	0.0122
		6	–0.0320	0.0165	0.0520	–0.0644	0.0003
	4	5	–0.0331*	0.0160	0.0390	–0.0646	–0.0017
		6	–0.0466*	0.0168	0.0060	–0.0796	–0.0137
	5	6	–0.0135	0.0170	0.4270	–0.0469	0.0198

* 平均值差值的显著性水平为0.05，分析方法为LSD

通过方差分析可以发现，在实践创新核心素养上，相对来讲，教五、六年级的教师比教其他年级的教师表现要好。具体表现为：教一年级的教师比教二、四年级的教师表现好，且差异存在显著性；教二年级的教师比教五、六年级的教师表现要差，且差异存在显著性；教四年级的教师比教五、六年级的教师表现要差，且差异存在显著性。

3. 不同职称教师培养学生六大核心素养的教学表现分析

对不同职称教师在教学中培养学生六大核心素养的教学表现情况进行分析，结果见表4–26。

表4-26　不同职称教师培养学生六大核心素养的教学表现情况

职称		人文底蕴教学	科学精神教学	学会学习教学	健康生活教学	责任担当教学	实践创新教学
试用期	均值	28.79	26.81	44.04	50.69	53.61	34.93
	标准差	4.516	3.899	6.362	6.871	7.642	5.565
初级	均值	28.27	26.59	43.81	50.57	53.15	34.66
	标准差	4.421	3.762	6.221	6.701	7.539	5.459
二级	均值	28.45	27.06	44.43	51.28	53.87	35.11
	标准差	4.190	3.411	5.657	5.999	6.905	5.128
一级	均值	28.80	26.96	44.24	51.01	53.39	34.58
	标准差	3.882	3.207	5.280	5.708	6.609	4.975
高级	均值	29.70	27.17	44.65	51.45	53.81	35.03
	标准差	4.036	3.196	5.170	5.644	6.419	4.910

每个核心素养所包含的题目数量不同，所以对其求均值，具体情况见表4-27，如图4-10所示。

表4-27　不同职称教师培养学生六大核心素养的教学表现情况（均值）

职称		人文底蕴教学	科学精神教学	学会学习教学	健康生活教学	责任担当教学	实践创新教学
试用期	均值	4.1122	4.4684	4.4040	4.2244	4.4673	4.3667
	标准差	0.6452	0.6499	0.6362	0.5726	0.6368	0.6957
初级	均值	4.0389	4.4323	4.3810	4.2140	4.4294	4.3322
	标准差	0.6316	0.6269	0.6221	0.5584	0.6283	0.6824
二级	均值	4.0637	4.5093	4.4430	4.2731	4.4895	4.3892
	标准差	0.5985	0.5685	0.5657	0.4999	0.5754	0.6409
一级	均值	4.1137	4.4928	4.4240	4.2509	4.4493	4.3221
	标准差	0.5545	0.5345	0.5280	0.4757	0.5507	0.6218
高级	均值	4.2424	4.5290	4.4650	4.2874	4.4842	4.3782
	标准差	0.5766	0.5327	0.5170	0.4703	0.5349	0.6137

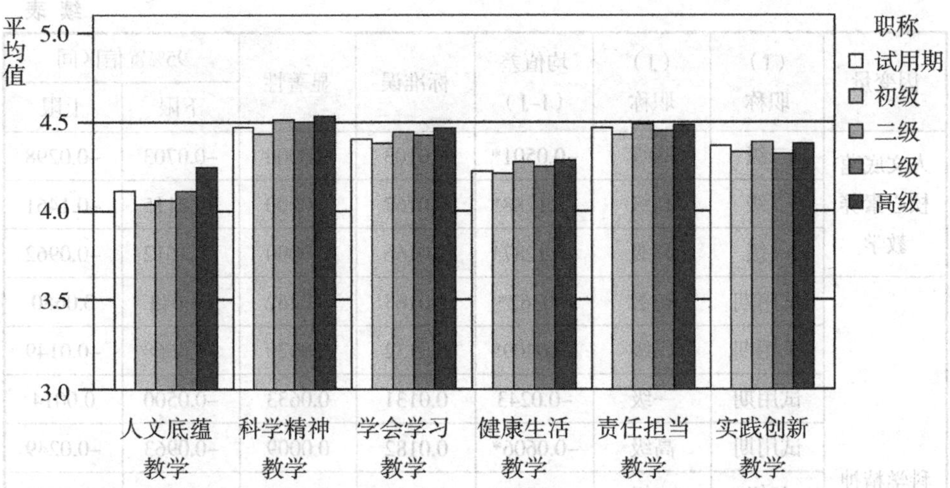

图4-10 不同职称教师培养学生六大核心素养的教学表现情况

从以上图表中的数据可以看出，不同职称教师在教学中对学生各核心素养培养的表现情况与总体相同，即相对比较重视科学精神和责任担当核心素养的培养，而对人文底蕴和健康生活核心素养培养的教学相对偏弱。从不同职称之间的比较来看，试用期、二级和高级的教师培养学生核心素养的教学表现比较好。

进一步对不同职称教师培养学生六大核心素养的教学表现的差异进行方差分析，结果见表4-28。

表4-28 不同职称教师培养学生六大核心素养的教学表现的方差分析

因变量	（I）职称	（J）职称	均值差（I-J）	标准误	显著性	95%置信区间	
						下限	上限
人文底蕴核心素养教学	试用期	初级	0.0734*	0.0168	0.0000	0.0404	0.1063
	试用期	二级	0.0486*	0.0137	0.0004	0.0218	0.0754
	试用期	一级	-0.0015	0.0135	0.9129	-0.0280	0.0251
	试用期	高级	-0.1302*	0.0188	0.0000	-0.1671	-0.0933
	初级	二级	-0.0248	0.0144	0.0841	-0.0529	0.0033
	初级	一级	-0.0749*	0.0142	0.0000	-0.1028	-0.0470
	初级	高级	-0.2036*	0.0193	0.0000	-0.2414	-0.1657

续 表

因变量	（I）职称	（J）职称	均值差（I–J）	标准误	显著性	95%置信区间	
						下限	上限
人文底蕴核心素养教学	二级	一级	–0.0501*	0.0103	0.0000	–0.0703	–0.0298
	二级	高级	–0.1788*	0.0167	0.0000	–0.2115	–0.1461
	一级	高级	–0.1287*	0.0166	0.0000	–0.1612	–0.0962
科学精神核心素养教学	试用期	初级	0.0362*	0.0163	0.0262	0.0043	0.0680
	试用期	二级	–0.0409*	0.0132	0.0020	–0.0668	–0.0149
	试用期	一级	–0.0243	0.0131	0.0633	–0.0500	0.0014
	试用期	高级	–0.0606*	0.0182	0.0009	–0.0963	–0.0249
	初级	二级	–0.0770*	0.0139	0.0000	–0.1043	–0.0498
	初级	一级	–0.0605*	0.0138	0.0000	–0.0875	–0.0335
	初级	高级	–0.0968*	0.0187	0.0000	–0.1334	–0.0601
	二级	一级	0.0165	0.0100	0.0983	–0.0031	0.0362
	二级	高级	–0.0197	0.0161	0.2207	–0.0514	0.0119
	一级	高级	–0.0363*	0.0160	0.0235	–0.0677	–0.0049
学会学习核心素养教学	试用期	初级	0.0238	0.0161	0.1388	–0.0077	0.0553
	试用期	二级	–0.0384*	0.0131	0.0033	–0.0640	–0.0128
	试用期	一级	–0.0194	0.0130	0.1347	–0.0448	0.0060
	试用期	高级	–0.0609*	0.0180	0.0007	–0.0962	–0.0256
	初级	二级	–0.0622*	0.0137	0.0000	–0.0891	–0.0353
	初级	一级	–0.0432*	0.0136	0.0015	–0.0698	–0.0165
	初级	高级	–0.0847*	0.0185	0.0000	–0.1209	–0.0485
	二级	一级	0.0190	0.0099	0.0545	–0.0004	0.0384
	二级	高级	–0.0225	0.0159	0.1579	–0.0537	0.0087
	一级	高级	–0.0415*	0.0158	0.0088	–0.0725	–0.0105
健康生活核心素养教学	试用期	初级	0.0104	0.0144	0.4695	–0.0178	0.0386
	试用期	二级	–0.0487*	0.0117	0.0000	–0.0716	–0.0258
	试用期	一级	–0.0265*	0.0116	0.0223	–0.0492	–0.0038
	试用期	高级	–0.0630*	0.0161	0.0001	–0.0946	–0.0314

续 表

因变量	（I）职称	（J）职称	均值差（I–J）	标准误	显著性	95%置信区间	
						下限	上限
健康生活核心素养教学	初级	二级	–0.0591*	0.0123	0.0000	–0.0832	–0.0350
	初级	一级	–0.0369*	0.0122	0.0024	–0.0608	–0.0130
	初级	高级	–0.0734*	0.0165	0.0000	–0.1058	–0.0410
	二级	一级	0.0222*	0.0089	0.0122	0.0048	0.0395
	二级	高级	–0.0143	0.0143	0.3160	–0.0423	0.0137
	一级	高级	–0.0365*	0.0142	0.0101	–0.0643	–0.0087
责任担当核心素养教学	试用期	初级	0.0379*	0.0164	0.0211	0.0057	0.0701
	试用期	二级	–0.0223	0.0134	0.0956	–0.0485	0.0039
	试用期	一级	0.0179	0.0132	0.1755	–0.0080	0.0439
	试用期	高级	–0.0169	0.0184	0.3585	–0.0530	0.0192
	初级	二级	–0.0602*	0.0140	0.0000	–0.0877	–0.0327
	初级	一级	–0.0200	0.0139	0.1513	–0.0472	0.0073
	初级	高级	–0.0548*	0.0189	0.0037	–0.0918	–0.0178
	二级	一级	0.0402*	0.0101	0.0001	0.0204	0.0600
	二级	高级	0.0054	0.0163	0.7412	–0.0265	0.0373
	一级	高级	–0.0348*	0.0162	0.0314	–0.0666	–0.0031
实践创新核心素养教学	试用期	初级	0.0345	0.0183	0.0597	–0.0014	0.0703
	试用期	二级	–0.0225	0.0149	0.1312	–0.0516	0.0067
	试用期	一级	0.0446*	0.0147	0.0025	0.0157	0.0735
	试用期	高级	–0.0115	0.0205	0.5756	–0.0516	0.0287
	初级	二级	–0.0569*	0.0156	0.0003	–0.0875	–0.0263
	初级	一级	0.0102	0.0155	0.5108	–0.0202	0.0405
	初级	高级	–0.0459*	0.0210	0.0290	–0.0871	–0.0047
	二级	一级	0.0671*	0.0113	0.0000	0.0450	0.0892
	二级	高级	0.0110	0.0181	0.5445	–0.0246	0.0466
	一级	高级	–0.0561*	0.0180	0.0019	–0.0914	–0.0208

* 平均值差值的显著性水平为0.05，分析方法为LSD

方差分析显示，试用期教师在培养学生六大核心素养方面的教学表现均好于初级教师，且在人文底蕴、科学精神、责任担当核心素养上存在显著差异。除实践创新核心素养外，初级教师的表现好于一级教师，在其余核心素养上，初级教师的表现比其他职称教师的表现均差，且差异具有显著性。二级教师在教学中培养学生六大核心素养的教学表现情况基本上比一级教师、高级教师差，且除人文底蕴核心素养外，其他五个核心素养均差异显著。而高级教师在六大核心素养培养上的表现均好于其他职称教师，且除责任担当和实践创新核心素养外，其余四大核心素养的差异具有显著性。

4. 不同教龄教师培养学生六大核心素养的教学表现分析

对不同教龄教师在教学中培养学生六大核心素养的教学表现情况进行分析，结果见表4–29。

表4–29　不同教龄教师培养学生六大核心素养的教学表现情况

教龄		人文底蕴教学	科学精神教学	学会学习教学	健康生活教学	责任担当教学	实践创新教学
0～3年	均值	28.82	26.98	44.31	51.00	53.88	35.14
	标准差	4.398	3.731	6.165	6.655	7.434	5.432
4～10年	均值	28.17	26.68	43.80	50.73	53.29	34.77
	标准差	4.445	3.662	6.119	6.450	7.307	5.346
11～20年	均值	28.58	27.00	44.36	51.22	53.62	34.95
	标准差	4.164	3.467	5.632	6.100	7.117	5.192
20年以上	均值	28.92	27.02	44.39	51.12	53.53	34.65
	标准差	3.838	3.119	5.104	5.518	6.369	4.880

每个核心素养所包含的题目数量不同，所以对其求均值，具体情况见表4–30，如图4–11所示。

表4-30 不同教龄教师培养学生六大核心素养的教学表现情况（均值）

教龄		人文底蕴教学	科学精神教学	学会学习教学	健康生活教学	责任担当教学	实践创新教学
0～3年	均值	4.1172	4.4972	4.4315	4.2503	4.4901	4.3927
	标准差	0.6284	0.6219	0.6165	0.5546	0.6195	0.6790
4～10年	均值	4.0247	4.4467	4.3805	4.2276	4.4411	4.3464
	标准差	0.6349	0.6103	0.6119	0.5375	0.6089	0.6682
11～20年	均值	4.0824	4.5000	4.4362	4.2679	4.4680	4.3686
	标准差	0.5949	0.5778	0.5632	0.5083	0.5931	0.6490
20年以上	均值	4.1318	4.5037	4.4390	4.2603	4.4604	4.3310
	标准差	0.5482	0.5198	0.5104	0.4598	0.5307	0.6099

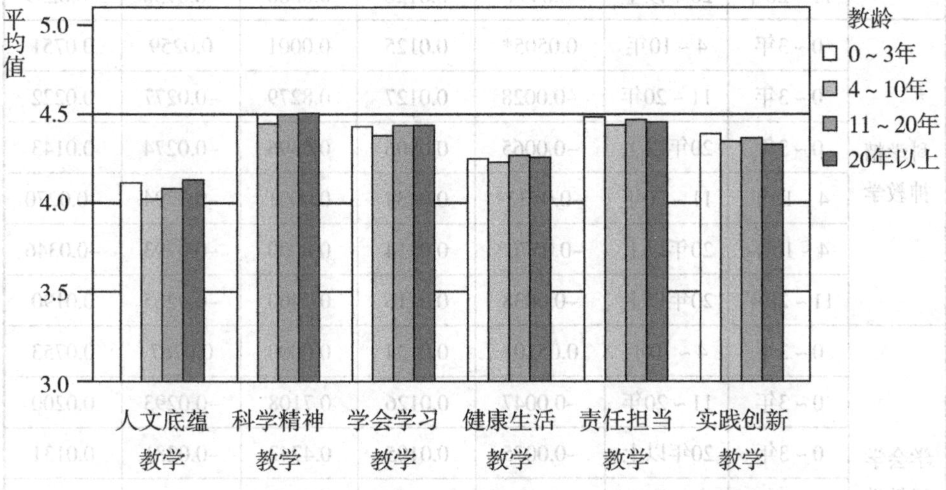

图4-11 不同教龄教师培养学生六大核心素养的教学表现情况

从以上图表中的数据可以看出，不同教龄的教师在教学中对学生各核心素养培养的教学表现情况与总体相同，即相对比较重视科学精神和责任担当核心素养的培养，而对人文底蕴和健康生活核心素养培养的教学相对偏弱。从不同教龄教师之间的比较来看，在人文底蕴、科学精神、学会学习、健康生活和责任担当核心素养上，4～10年教龄的教师表现最差，0～3年的教师在六大核心素养上表现均较好。

进一步对不同教龄教师培养学生六大核心素养的教学表现的差异进行方差分析，结果见表4–31。

表4–31 不同教龄教师培养学生六大核心素养的教学表现的方差分析

因变量	（I）教龄	（J）教龄	均值差（I–J）	标准误	显著性	95%置信区间	
						下限	上限
人文底蕴教学	0～3年	4～10年	0.0925*	0.0130	0.0000	0.0670	0.1179
	0～3年	11～20年	0.0348*	0.0132	0.0083	0.0089	0.0606
	0～3年	20年以上	–0.0147	0.0110	0.1826	–0.0362	0.0069
	4～10年	11～20年	–0.0577*	0.0138	0.0000	–0.0848	–0.0306
	4～10年	20年以上	–0.1071*	0.0118	0.0000	–0.1303	–0.0840
	11～20年	20年以上	–0.0494*	0.0120	0.0000	–0.0730	–0.0259
科学精神教学	0～3年	4～10年	0.0505*	0.0125	0.0001	0.0259	0.0751
	0～3年	11～20年	–0.0028	0.0127	0.8279	–0.0277	0.0222
	0～3年	20年以上	–0.0065	0.0106	0.5396	–0.0274	0.0143
	4～10年	11～20年	–0.0532*	0.0134	0.0001	–0.0794	–0.0270
	4～10年	20年以上	–0.0570*	0.0114	0.0000	–0.0793	–0.0346
	11～20年	20年以上	–0.0038	0.0116	0.7460	–0.0265	0.0190
学会学习教学	0～3年	4～10年	0.0510*	0.0124	0.0000	0.0267	0.0753
	0～3年	11～20年	–0.0047	0.0126	0.7108	–0.0293	0.0200
	0～3年	20年以上	–0.0075	0.0105	0.4742	–0.0281	0.0131
	4～10年	11～20年	–0.0557*	0.0132	0.0000	–0.0815	–0.0298
	4～10年	20年以上	–0.0585*	0.0113	0.0000	–0.0806	–0.0365
	11～20年	20年以上	–0.0029	0.0115	0.8031	–0.0253	0.0196
健康生活教学	0～3年	4～10年	0.0227*	0.0111	0.0408	0.0009	0.0445
	0～3年	11～20年	–0.0176	0.0113	0.1175	–0.0397	0.0044
	0～3年	20年以上	–0.0100	0.0094	0.2904	–0.0284	0.0085
	4～10年	11～20年	–0.0403*	0.0118	0.0007	–0.0635	–0.0171

续 表

因变量	（I）教龄	（J）教龄	均值差（I–J）	标准误	显著性	95%置信区间	
						下限	上限
健康生活教学	4~10年	20年以上	–0.0327*	0.0101	0.0012	–0.0524	–0.0129
	11~20年	20年以上	0.0077	0.0103	0.4544	–0.0124	0.0278
责任担当教学	0~3年	4~10年	0.0490*	0.0127	0.0001	0.0242	0.0738
	0~3年	11~20年	0.0222	0.0129	0.0846	–0.0030	0.0474
	0~3年	20年以上	0.0297*	0.0107	0.0057	0.0087	0.0508
	4~10年	11~20年	–0.0268*	0.0135	0.0471	–0.0533	–0.0003
	4~10年	20年以上	–0.0193	0.0115	0.0940	–0.0418	0.0033
	11~20年	20年以上	0.0075	0.0117	0.5199	–0.0154	0.0305
实践创新教学	0~3年	4~10年	0.0463*	0.0141	0.0010	0.0187	0.0740
	0~3年	11~20年	0.0242	0.0143	0.0916	–0.0039	0.0522
	0~3年	20年以上	0.0617*	0.0120	0.0000	0.0382	0.0851
	4~10年	11~20年	–0.0222	0.0150	0.1406	–0.0516	0.0073
	4~10年	20年以上	0.0154	0.0128	0.2311	–0.0098	0.0405
	11~20年	20年以上	0.0375*	0.0130	0.0040	0.0119	0.0631
* 平均值差值的显著性水平为0.05，分析方法为LSD							

方差分析显示，0~3年教龄的教师在培养学生六大核心素养方面的教学表现均显著好于4~10年教龄的教师。在人文底蕴、科学精神、学会学习和健康生活核心素养上，4~10年教龄教师的教学表现比11~20年、20年以上的教师要差，且差异存在显著性；在责任担当核心素养上，4~10年教龄的教师比11~20年教龄的教师表现差，且存在显著性差异；在人文底蕴核心素养上，11~20年教龄的教师比20年以上教龄的教师表现差，且差异存在显著性；在实践创新核心素养上，11~20年教龄的教师比20年以上教龄的教师表现好，且差异存在显著性。

5. 专职、兼职教师培养学生六大核心素养的教学表现分析

对专职道德与法治教师和兼职道德与法治教师在教学中培养学生六大核心素养的教学表现情况进行分析，结果见表4–32。

表4-32 专职、兼职道德与法治教师培养学生六大核心素养的教学表现

专职/兼职		人文底蕴教学	科学精神教学	学会学习教学	健康生活教学	责任担当教学	实践创新教学
专职	均值	29.16	26.89	44.28	51.00	53.46	34.76
	标准差	4.326	3.676	6.051	6.343	7.014	5.246
兼职	均值	28.67	26.95	44.25	51.04	53.59	34.85
	标准差	4.154	3.431	5.649	6.079	6.952	5.161

每个核心素养所包含的题目数量不同，所以对其求均值，具体情况见表4-33，如图4-12所示。

表4-33 专职、兼职道德与法治教师培养学生六大核心素养的教学表现（均值）

专职/兼职		人文底蕴教学	科学精神教学	学会学习教学	健康生活教学	责任担当教学	实践创新教学
专职	均值	4.1661	4.4814	4.4279	4.2499	4.4547	4.3452
	标准差	0.6180	0.6126	0.6051	0.5286	0.5845	0.6558
兼职	均值	4.0953	4.4910	4.4254	4.2532	4.4657	4.3560
	标准差	0.5934	0.5718	0.5649	0.5066	0.5793	0.6452

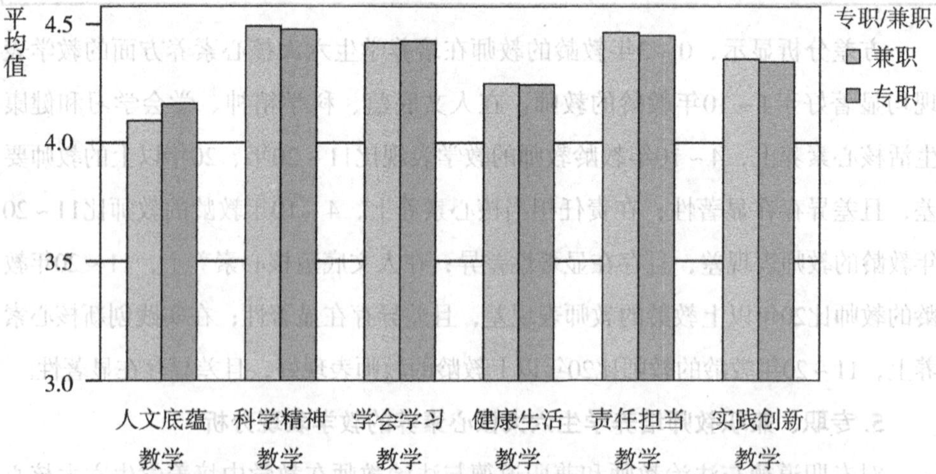

图4-12 专职、兼职道德与法治教师培养学生六大核心素养的教学表现

通过以上图表我们可以看出，在人文底蕴核心素养上，专职道德与法治教师表现要好于兼职道德与法治教师。其他几个核心素养上，专职道德与法治教师和兼职道德与法治教师的表现相当。

进一步对专职道德与法治教师和兼职道德与法治教师培养学生六大核心素养的教学表现的差异进行方差分析，结果见表4–34。

表4–34　专职、兼职道德与法治教师培养学生六大核心素养的教学表现的方差分析

核心素养教学	差异数值类型	莱文方差等同性检验		平均值等同性 t 检验						
		F	显著性	t	自由度	显著性（双尾）	平均值差值	标准误差差值	差值95%置信区间	
									下限	上限
人文底蕴教学	假定等方差	1.540	0.215	–3.640	19723	0.0000	–0.0708	0.0194	–0.1089	–0.0327
	不假定等方差	—	—	–3.510	1081.544	0.0000	–0.0708	0.0201	–0.1103	–0.0312
科学精神教学	假定等方差	4.887	0.027	0.515	19723	0.6070	0.0097	0.0188	–0.0271	0.0464
	不假定等方差	—	—	0.484	1076.082	0.6290	0.0097	0.0200	–0.0296	0.0488
学会学习教学	假定等方差	3.383	0.066	–0.137	19723	0.8910	–0.0025	0.0185	–0.0389	0.0338
	不假定等方差	—	—	–0.129	1076.085	0.8970	–0.0025	0.0197	–0.0412	0.0361
健康生活教学	假定等方差	0.172	0.678	0.198	19723	0.8430	0.0033	0.0166	–0.0293	0.0358
	不假定等方差	—	—	0.190	1081.189	0.8490	0.0033	0.0172	–0.0305	0.0371
责任担当教学	假定等方差	0.137	0.712	0.583	19723	0.5600	0.0110	0.0189	–0.0261	0.0482
	不假定等方差	—	—	0.579	1088.104	0.5630	0.0110	0.0191	–0.0264	0.0485
实践创新教学	假定等方差	0.132	0.717	0.511	19723	0.6090	0.0108	0.0211	–0.0306	0.0522
	不假定等方差	—	—	0.504	1086.518	0.6140	0.0108	0.0214	–0.0312	0.0528

方差分析的结果显示，在人文底蕴核心素养上，专职道德与法治教师的表现要好于兼职道德与法治教师，且存在显著性差异；而在其他几个核心素养上，专职道德与法治教师的表现和兼职道德与法治教师的表现相当，差异不明显。

第五章　道德与法治学科核心素养学生表现

一、学生道德与法治学科核心素养的总体表现

通过专家评估和因子分析，我们确定了道德与法治学科素养（家国情怀素养、道德品质（道德品格）素养、规则（法治）意识素养、健康生活素养、知行合一（实践智慧）素养），并分别对学生在学科素养上的得分进行描述性分析，见表5–1。

表5–1　小学生道德与法治学科核心素养表现

核心素养	平均值	标准差
家国情怀	32.94	3.168
道德品质	37.32	3.646
规则意识	18.90	1.903
健康生活	31.59	3.747
知行合一	39.07	5.820

每个学科素养包含的题目数量不同，所以对其求均值，具体情况见表5–2，如图5–1所示。

表5–2　小学生道德与法治学科核心素养表现（均值）

核心素养	平均值	标准差
家国情怀	4.7056	0.45263
道德品质	4.6652	0.45574
规则意识	4.7238	0.47568

续 表

核心素养	平均值	标准差
健康生活	4.5133	0.53531
知行合一	4.3414	0.64671

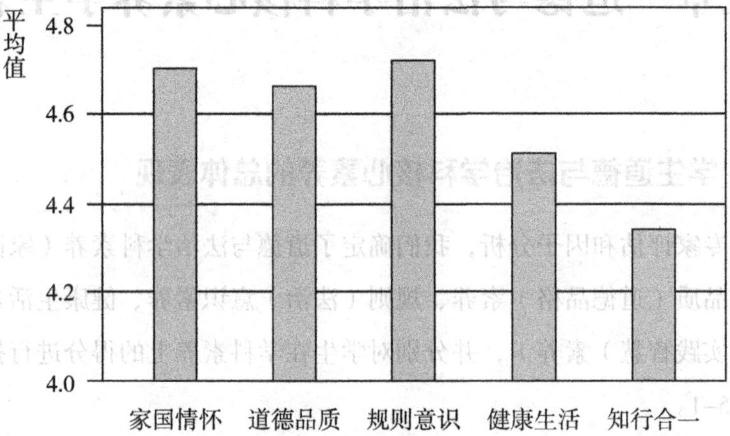

图5-1 小学生道德与法治学科核心素养表现

从以上图表中的数据可以看出，学生在道德与法治学科核心素养上的表现并不一致。其中，规则意识的表现最好，为4.7238分，其次是家国情怀和道德品质，分别为4.7056分和4.6652分，而知行合一表现最差，为4.3414分，其次是健康生活，为4.5133分。

二、不同性别学生道德与法治学科核心素养的表现

对不同性别小学生道德与法治学科核心素养的表现进行分析，结果见表5-3。

表5-3 不同性别小学生道德与法治学科核心素养的表现

性别		家国情怀	道德品质	规则意识	健康生活	知行合一
男	平均值	32.88	37.19	18.85	31.48	39.05
	标准差	3.265	3.798	1.964	3.862	5.894
女	平均值	33.00	37.46	18.94	31.71	39.10
	标准差	3.061	3.472	1.835	3.617	5.741

不同学科素养所包含的题目数量不同，所以对其求均值，具体情况见表5–4，如图5–2所示。

表5–4　不同性别小学生道德与法治学科核心素养的表现（均值）

<table>
<tr><th colspan="2">性别</th><th>家国情怀</th><th>道德品质</th><th>规则意识</th><th>健康生活</th><th>知行合一</th></tr>
<tr><td rowspan="2">男</td><td>平均值</td><td>4.6978</td><td>4.6486</td><td>4.7134</td><td>4.4970</td><td>4.3391</td></tr>
<tr><td>标准差</td><td>0.46648</td><td>0.47468</td><td>0.49092</td><td>0.55169</td><td>0.65485</td></tr>
<tr><td rowspan="2">女</td><td>平均值</td><td>4.7140</td><td>4.6828</td><td>4.7349</td><td>4.5307</td><td>4.3439</td></tr>
<tr><td>标准差</td><td>0.4373</td><td>0.4340</td><td>0.4587</td><td>0.5168</td><td>0.6379</td></tr>
</table>

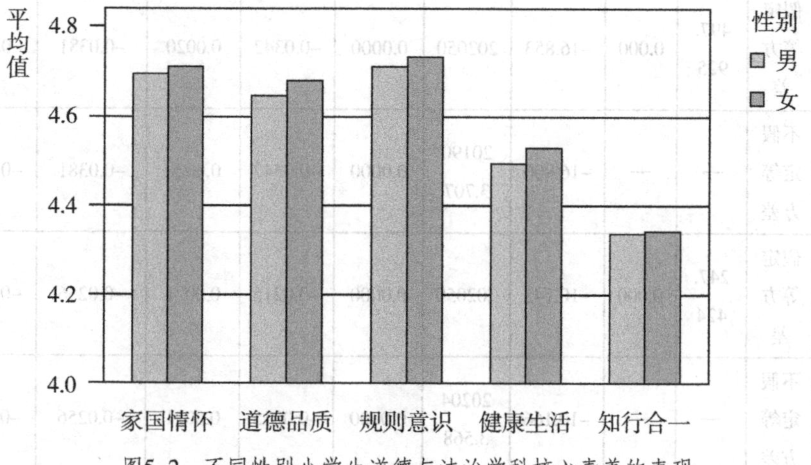

图5–2　不同性别小学生道德与法治学科核心素养的表现

从以上图表中的数据可以看出，不同性别小学生道德与法治学科核心素养的表现并不一致，男生的表现均要比女生的表现差。

进一步对不同性别小学生道德与法治学科核心素养的表现的差异进行方差分析，结果见表5–5。

表5–5　不同性别小学生道德与法治学科核心素养表现的差异检验

学科核心素养	差异值类型	莱文方差等同性检验		平均值等同性 t 检验						
		F	显著性	t	自由度	显著性（双尾）	平均值差值	标准误差差值	差值95%置信区间	
									下限	上限
家国情怀	假定等方差	220.647	0.000	-8.021	202050	0.0000	-0.0162	0.00201	-0.0201	-0.0122
	不假定等方差	—	—	-8.037	202048.265	0.0000	-0.0162	0.0020	-0.0201	-0.0122
道德品质	假定等方差	497.925	0.000	-16.853	202050	0.0000	-0.0342	0.0020	-0.0381	-0.0302
	不假定等方差	—	—	-16.900	201903.707	0.0000	-0.0342	0.0020	-0.0381	-0.0302
规则意识	假定等方差	247.424	0.000	-10.145	202050	0.0000	-0.0215	0.0021	-0.0256	-0.0173
	不假定等方差	—	—	-10.166	202043.568	0.0000	-0.0215	0.0021	-0.0256	-0.0173
健康生活	假定等方差	357.535	0.000	-14.136	202050	0.0000	-0.0337	0.0024	-0.0383	-0.0290
	不假定等方差	—	—	-14.165	202047.567	0.0000	-0.0337	0.0024	-0.0383	-0.0290
知行合一	假定等方差	56.003	0.000	-1.653	202050	0.0980	-0.0048	0.0029	-0.0104	0.0009
	不假定等方差	—	—	-1.654	201777.983	0.0980	-0.0048	0.0029	-0.0104	0.0009

从以上表格我们可以看出，在家国情怀、道德品质、规则意识和健康生活四个学科核心素养上，男生的表现显著差于女生，而在知行合一学科核心素养上，两者的差异不显著。

三、不同年级学生道德与法治学科核心素养的表现

对不同年级小学生道德与法治学科核心素养的表现进行分析，结果见表5–6。

表5–6　不同年级小学生道德与法治学科核心素养的表现

年级		家国情怀	道德品质	规则意识	健康生活	知行合一
1	平均值	32.84	37.05	18.76	31.26	38.63
	标准差	3.13	3.64	1.93	3.71	5.83
2	平均值	32.83	37.09	18.74	31.41	38.77
	标准差	3.16	3.65	1.95	3.70	5.74
3	平均值	32.68	37.10	18.73	31.32	38.56
	标准差	3.33	3.75	2.01	3.83	5.91
4	平均值	32.89	37.37	18.90	31.56	38.95
	标准差	3.23	3.66	1.91	3.83	5.95
5	平均值	33.17	37.64	19.10	31.95	39.65
	标准差	3.05	3.53	1.78	3.67	5.68
6	平均值	33.31	37.77	19.20	32.10	40.11
	标准差	3.04	3.56	1.74	3.64	5.61

不同学科素养所包含的题目数量不同，所以对其求均值，具体情况见表5–7，如图5–3所示。

表5–7　不同年级小学生道德与法治学科核心素养的表现（均值）

年级		家国情怀	道德品质	规则意识	健康生活	知行合一
1	平均值	4.6916	4.6313	4.6905	4.4660	4.2922
	标准差	0.4476	0.4556	0.4815	0.5305	0.6478
2	平均值	4.6897	4.6362	4.6855	4.4868	4.3083
	标准差	0.4515	0.4560	0.4864	0.5283	0.6382

续 表

年级		家国情怀	道德品质	规则意识	健康生活	知行合一
3	平均值	4.6678	4.6378	4.6813	4.4740	4.2844
	标准差	0.4758	0.4686	0.5036	0.5467	0.6566
4	平均值	4.6990	4.6717	4.7254	4.5092	4.3276
	标准差	0.4608	0.4576	0.4784	0.5465	0.6608
5	平均值	4.7382	4.7051	4.7768	4.5644	4.4053
	标准差	0.4359	0.4418	0.4450	0.5241	0.6315
6	平均值	4.7590	4.7219	4.8003	4.5996	4.4570
	标准差	0.4337	0.4448	0.4351	0.5202	0.6230

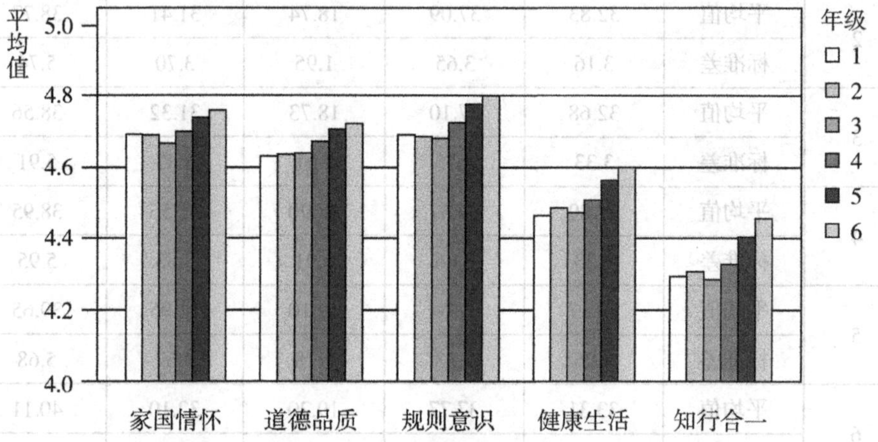

图5-3　不同年级小学生道德与法治学科核心素养的表现

通过以上图表我们可以看出，四、五、六年级的小学生，学科核心素养的分数随着年级的升高而增加，而一、二、三年级的小学生，只有道德品质素养的分数随年级升高而增加；家国情怀和规则意识两个素养的分数随年级升高而递减；健康生活和知行合一素养，二年级的表现要好于一、三年级。

进一步对不同年级小学生五个学科核心素养的表现的差异进行方差分析，结果见表5-8～表5-12。

表5–8　不同年级小学生家国情怀素养的表现的方差分析

因变量	（I）所教年级	（J）所教年级	平均值差值（I–J）	标准误差	显著性	95%置信区间	
						下限	上限
家国情怀	1	2	0.0019	0.0034	0.5725	–0.0047	0.0086
		3	0.0239*	0.0034	0.0000	0.0172	0.0306
		4	–0.0073*	0.0034	0.0305	–0.0140	–0.0007
		5	–0.0465*	0.0034	0.0000	–0.0531	–0.0399
		6	–0.0674*	0.0037	0.0000	–0.0746	–0.0602
	2	3	0.0220*	0.0034	0.0000	0.0152	0.0287
		4	–0.0093*	0.0034	0.0070	–0.0160	–0.0025
		5	–0.0484*	0.0034	0.0000	–0.0551	–0.0418
		6	–0.0693*	0.0037	0.0000	–0.0766	–0.0621
	3	4	–0.0312*	0.0034	0.0000	–0.0380	–0.0245
		5	–0.0704*	0.0034	0.0000	–0.0771	–0.0637
		6	–0.0913*	0.0037	0.0000	–0.0985	–0.0840
	4	5	–0.0392*	0.0034	0.0000	–0.0458	–0.0325
		6	–0.0601*	0.0037	0.0000	–0.0673	–0.0528
	5	6	–0.0209*	0.0037	0.0000	–0.0281	–0.0137
* 平均值差值的显著性水平为0.05，分析方法为LSD							

通过方差分析可以发现，在家国情怀素养上，一年级学生的表现比三年级的学生好，比四、五、六年级的学生差，且差异具有显著性；二年级学生比三年级学生表现好，比四、五、六年级的学生表现差，且差异具有显著性；三年级学生比四、五、六年级学生表现差，四年级学生比五、六年级学生表现差，五年级学生比六年级学生表现差，且差异均具有显著性。

表5-9 不同年级小学生道德品质素养的表现的方差分析

因变量	(I)所教年级	(J)所教年级	平均值差值(I-J)	标准误差	显著性	95%置信区间	
						下限	上限
道德品质	1	2	-0.0049	0.0034	0.1552	-0.0116	0.0018
		3	-0.0065	0.0034	0.0567	-0.0132	0.0002
		4	-0.0404*	0.0034	0.0000	-0.0471	-0.0337
		5	-0.0738*	0.0034	0.0000	-0.0805	-0.0672
		6	-0.0906*	0.0037	0.0000	-0.0978	-0.0834
	2	3	-0.0017	0.0035	0.6309	-0.0085	0.0051
		4	-0.0356*	0.0035	0.0000	-0.0423	-0.0288
		5	-0.0690*	0.0034	0.0000	-0.0757	-0.0622
		6	-0.0857*	0.0037	0.0000	-0.0930	-0.0784
	3	4	-0.0339*	0.0035	0.0000	-0.0407	-0.0271
		5	-0.0673*	0.0034	0.0000	-0.0740	-0.0606
		6	-0.0840*	0.0037	0.0000	-0.0913	-0.0767
	4	5	-0.0334*	0.0034	0.0000	-0.0401	-0.0267
		6	-0.0501*	0.0037	0.0000	-0.0574	-0.0429
	5	6	-0.0167*	0.0037	0.0000	-0.0240	-0.0095
* 平均值差值的显著性水平为0.05，分析方法为LSD							

通过方差分析可以发现，在道德品质素养上，一、二、三年级学生的表现比四、五、六年级的学生差，且差异具有显著性；四年级学生比五、六年级学生表现差，五年级学生比六年级学生表现差，且差异均具有显著性。

表5-10 不同年级小学生规则意识素养的表现的方差分析

因变量	(I)所教年级	(J)所教年级	平均值差值(I-J)	标准误差	显著性	95%置信区间	
						下限	上限
规则意识	1	2	0.0050	0.0036	0.1642	-0.0020	0.0120
		3	0.0091*	0.0036	0.0108	0.0021	0.0161
		4	-0.0349*	0.0036	0.0000	-0.0419	-0.0279

续 表

因变量	（I）所教年级	（J）所教年级	平均值差值（I–J）	标准误差	显著性	95%置信区间	
						下限	上限
规则意识	1	5	–0.0864*	0.0035	0.0000	–0.0933	–0.0794
		6	–0.1099*	0.0038	0.0000	–0.1174	–0.1024
	2	3	0.0041	0.0036	0.2509	–0.0029	0.0112
		4	–0.0399*	0.0036	0.0000	–0.0469	–0.0328
		5	–0.0913*	0.0036	0.0000	–0.0983	–0.0843
		6	–0.1149*	0.0039	0.0000	–0.1224	–0.1073
	3	4	–0.0440*	0.0036	0.0000	–0.0511	–0.0370
		5	–0.0955*	0.0036	0.0000	–0.1025	–0.0885
		6	–0.1190*	0.0039	0.0000	–0.1266	–0.1114
	4	5	–0.0514*	0.0036	0.0000	–0.0584	–0.0445
		6	–0.0750*	0.0039	0.0000	–0.0826	–0.0674
	5	6	–0.0235*	0.0038	0.0000	–0.0310	–0.0160
*平均值差值的显著性水平为0.05，分析方法为LSD							

通过方差分析可以发现，在规则意识素养上，一年级学生的表现比三年级好，比四、五、六年级的学生差，且差异具有显著性；二、三年级学生比四、五、六年级的学生表现差，且差异具有显著性；四年级学生比五、六年级学生表现差，五年级学生比六年级学生表现差，且差异均具有显著性。

表5–11　不同年级小学生健康生活素养的表现的方差分析

因变量	（I）所教年级	（J）所教年级	平均值差值（I–J）	标准误差	显著性	95%置信区间	
						下限	上限
健康生活	1	2	–0.0209*	0.0040	0.0000	–0.0287	–0.0130
		3	–0.0081*	0.0040	0.0451	–0.0159	–0.0002
		4	–0.0432*	0.0040	0.0000	–0.0511	–0.0354
		5	–0.0984*	0.0040	0.0000	–0.1062	–0.0906

续表

因变量	(I)所教年级	(J)所教年级	平均值差值(I–J)	标准误差	显著性	95%置信区间	
						下限	上限
健康生活	1	6	–0.1336*	0.0043	0.0000	–0.1421	–0.1252
	2	3	0.0128*	0.0041	0.0016	0.0048	0.0208
		4	–0.0224*	0.0041	0.0000	–0.0303	–0.0144
		5	–0.0776*	0.0040	0.0000	–0.0854	–0.0697
		6	–0.1128*	0.0044	0.0000	–0.1213	–0.1042
	3	4	–0.0352*	0.0041	0.0000	–0.0431	–0.0272
		5	–0.0904*	0.0040	0.0000	–0.0983	–0.0825
		6	–0.1256*	0.0044	0.0000	–0.1341	–0.1170
	4	5	–0.0552*	0.0040	0.0000	–0.0631	–0.0473
		6	–0.0904*	0.0044	0.0000	–0.0989	–0.0819
	5	6	–0.0352*	0.0043	0.0000	–0.0437	–0.0267
* 平均值差值的显著性水平为0.05，分析方法为LSD							

通过方差分析可以发现，在健康生活素养上，一年级学生的表现比其他年级的学生差，且差异具有显著性；二年级学生比三年级学生表现好，比四、五、六年级的学生表现差，且差异具有显著性；三年级学生比四、五、六年级学生表现差，四年级学生比五、六年级学生表现差，五年级学生比六年级学生表现差，且差异均具有显著性。

表5–12　不同年级小学生知行合一素养的表现的方差分析

因变量	(I)所教年级	(J)所教年级	平均值差值(I–J)	标准误差	显著性	95%置信区间	
						下限	上限
知行合一	1	2	–0.0161*	0.0048	0.0009	–0.0256	–0.0066
		3	0.0078	0.0049	0.1089	–0.0017	0.0173
		4	–0.0354*	0.0048	0.0000	–0.0449	–0.0259
		5	–0.1131*	0.0048	0.0000	–0.1225	–0.1037
		6	–0.1648*	0.0052	0.0000	–0.1751	–0.1546

续 表

因变量	（I）所教年级	（J）所教年级	平均值差值（I–J）	标准误差	显著性	95%置信区间	
						下限	上限
知行合一	2	3	0.0239*	0.0049	0.0000	0.0143	0.0335
		4	–0.0193*	0.0049	0.0001	–0.0289	–0.0097
		5	–0.0970*	0.0049	0.0000	–0.1065	–0.0874
		6	–0.1487*	0.0053	0.0000	–0.1590	–0.1384
	3	4	–0.0432*	0.0049	0.0000	–0.0528	–0.0336
		5	–0.1209*	0.0049	0.0000	–0.1304	–0.1113
		6	–0.1726*	0.0053	0.0000	–0.1829	–0.1623
	4	5	–0.0777*	0.0048	0.0000	–0.0871	–0.0682
		6	–0.1294*	0.0053	0.0000	–0.1397	–0.1191
	5	6	–0.0518*	0.0052	0.0000	–0.0620	–0.0415
* 平均值差值的显著性水平为0.05，分析方法为LSD							

通过方差分析可以发现，在知行合一素养上，一年级学生的表现比三年级学生好，比二、四、五、六年级的学生差，且差异具有显著性；二年级学生比三年级学生表现好，比四、五、六年级的学生表现差，且差异具有显著性；三年级学生比四、五、六年级学生表现差，四年级学生比五、六年级学生表现差，五年级学生比六年级学生表现差，且差异均具有显著性。

第六章　道德与法治学科核心素养教师表现

一、教师道德与法治学科核心素养的总体表现

通过专家评估和因子分析，我们确定了道德与法治学科核心素养（家国情怀素养、道德品质（道德品格）素养、规则（法治）意识素养、健康生活素养、知行合一（实践智慧）素养），并分别对教师在学科核心素养上的得分进行描述性分析，见表6–1。

表6–1　教师道德与法治学科核心素养的表现

核心素养	平均值	标准差
家国情怀	31.15	4.265
道德品质	27.13	3.052
规则意识	17.95	2.261
健康生活	80.08	9.839
知行合一	49.15	6.152

每个学科素养包含的题目数量不同，所以对其求均值，具体情况见表6–2，如图6–1所示。

表6–2　教师道德与法治学科核心素养的表现（均值）

核心素养	平均值	标准差
家国情怀	4.4506	0.6093
道德品格	4.5211	0.5086
法治意识	4.4865	0.5654

续 表

核心素养	平均值	标准差
健康生活	4.4487	0.5466
实践智慧	4.4677	0.5593

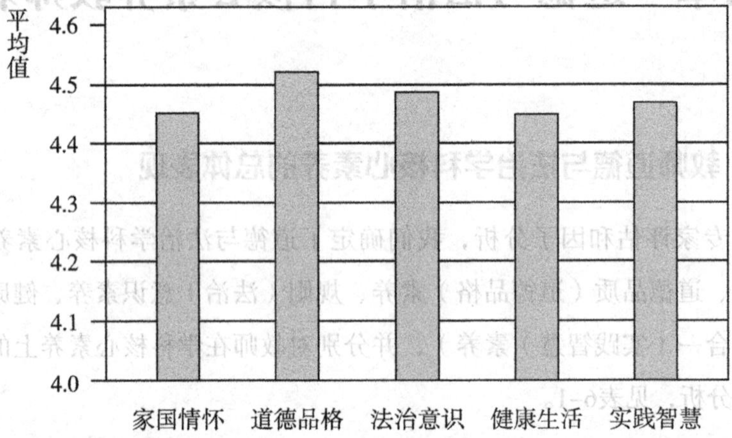

图6-1　教师道德与法治学科核心素养的表现

从以上图表中的数据可以看出，教师道德与法治学科核心素养的表现并不一致，均值从高到低依次为：道德品格4.5211分，法治意识4.4865分，实践智慧4.4677分，家国情怀4.4506分，健康生活4.4487分。

二、不同性别教师道德与法治学科核心素养的教学表现分析

对不同性别教师道德与法治学科素养的表现进行分析，结果见表6–3。

表6–3　不同性别教师道德与法治学科核心素养的表现

性别		家国情怀	道德品格	法治意识	健康生活	实践智慧
男	平均值	30.55	26.50	17.57	78.55	48.20
	标准差	4.365	3.300	2.404	10.371	6.498
女	平均值	31.35	27.33	18.07	80.58	49.46
	标准差	4.213	2.936	2.198	9.603	6.001

续表

性别		家国情怀	道德品格	法治意识	健康生活	实践智慧
总计	平均值	31.15	27.13	17.95	80.08	49.15
	标准差	4.265	3.052	2.261	9.839	6.152

每个学科素养包含的题目数量不同，所以对其求均值，具体情况见表6–4，如图6–2所示。

表6–4 不同性别教师道德与法治学科核心素养的表现（均值）

性别		家国情怀	道德品格	法治意识	健康生活	实践智慧
男	平均值	4.3647	4.4168	4.3931	4.3639	4.3820
	标准差	0.6235	0.5499	0.6009	0.5762	0.5907
女	平均值	4.4791	4.5557	4.5175	4.4768	4.4962
	标准差	0.6018	0.4893	0.5496	0.5335	0.5455
总计	平均值	4.4506	4.5211	4.4865	4.4487	4.4677
	标准差	0.6093	0.5086	0.5654	0.5466	0.5593

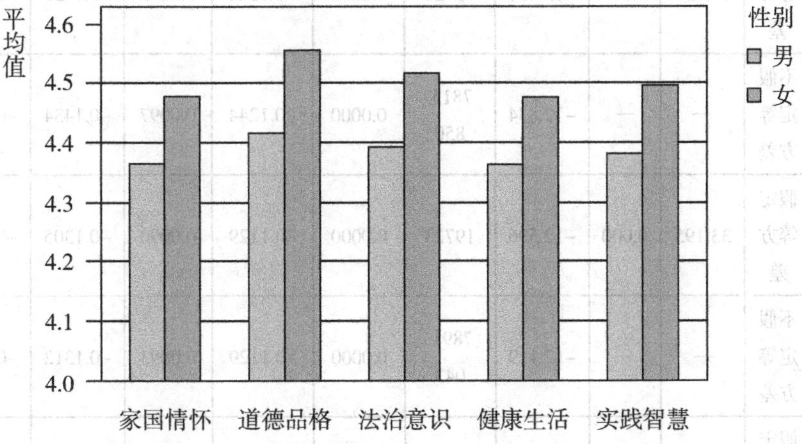

图6–2 不同性别教师道德与法治学科核心素养的表现

通过以上图表可以看出，在道德与法治学科核心素养上，男教师的表现要比女教师差。进一步对其进行差异的显著性检验，可以得到表6–5。

表6–5　不同性别教师学科核心素养表现的方差分析

学科核心素养	差异值类型	莱文方差等同性检验		平均值等同性 t 检验						
		F	显著性	t	自由度	显著性（双尾）	平均值差值	标准误差差值	差值95%置信区间	
									下限	上限
家国情怀	假定等方差	1.675	0.196	−11.440	19723	0.0000	−0.1144	0.0100	−0.1340	−0.0948
	不假定等方差	—	—	−11.238	8158.468	0.0000	−0.1144	0.0102	−0.1343	−0.0944
道德品格	假定等方差	86.811	0.000	−16.702	19723	0.0000	−0.1389	0.0083	−0.1552	−0.1226
	不假定等方差	—	—	−15.755	7655.561	0.0000	−0.1389	0.0088	−0.1562	−0.1216
法治意识	假定等方差	59.459	0.000	−13.421	19723	0.0000	−0.1244	0.0093	−0.1425	−0.1062
	不假定等方差	—	—	−12.834	7815.850	0.0000	−0.1244	0.0097	−0.1434	−0.1054
健康生活	假定等方差	33.195	0.000	−12.596	19723	0.0000	−0.1129	0.0090	−0.1305	−0.0953
	不假定等方差	—	—	−12.119	7891.043	0.0000	−0.1129	0.0093	−0.1312	−0.0946
实践智慧	假定等方差	25.769	0.000	−12.445	19723	0.0000	−0.1142	0.0092	−0.1321	−0.0962
	不假定等方差	—	—	−11.958	7875.154	0.0000	−0.1142	0.0095	−0.1329	−0.0954

通过独立样本 t 检验，我们可以发现，不同性别教师道德与法治学科核心素养的表现存在显著性差异。

三、不同年级教师道德与法治学科核心素养的教学表现分析

对不同年级教师道德与法治学科核心素养的表现进行分析，结果见表6-6。

表6-6　不同年级教师道德与法治学科核心素养的表现

所教年级		家国情怀	道德品格	法治意识	健康生活	实践智慧
1	平均值	31.16	27.26	18.03	80.39	49.28
	标准差	4.366	2.989	2.220	9.747	6.108
2	平均值	30.93	27.04	17.87	79.72	48.91
	标准差	4.331	2.997	2.237	9.730	6.121
3	平均值	30.97	27.05	17.88	79.79	48.93
	标准差	4.380	3.125	2.342	10.091	6.309
4	平均值	31.04	27.00	17.83	79.62	48.84
	标准差	4.217	3.092	2.275	9.920	6.234
5	平均值	31.33	27.18	18.02	80.32	49.40
	标准差	4.202	3.100	2.290	9.957	6.088
6	平均值	31.64	27.27	18.08	80.81	49.65
	标准差	3.963	2.983	2.169	9.440	5.960
总计	平均值	31.15	27.13	17.95	80.08	49.15
	标准差	4.265	3.052	2.261	9.839	6.152

每个学科素养包含的题目数量不同，所以对其求均值，具体情况见表6-7，如图6-3所示。

表6-7　不同年级教师道德与法治学科核心素养的表现（均值）

所教年级		家国情怀	道德品格	法治意识	健康生活	实践智慧
1	平均值	4.4516	4.5427	4.5077	4.4659	4.4804
	标准差	0.6238	0.4982	0.5551	0.5415	0.5553

续 表

所教年级		家国情怀	道德品格	法治意识	健康生活	实践智慧
2	平均值	4.4186	4.5071	4.4687	4.4288	4.4462
	标准差	0.6187	0.4995	0.5593	0.5406	0.5565
3	平均值	4.4236	4.5077	4.4689	4.4330	4.4484
	标准差	0.6258	0.5208	0.5856	0.5606	0.5735
4	平均值	4.4343	4.5005	4.4576	4.4233	4.4401
	标准差	0.6025	0.5154	0.5687	0.5511	0.5668
5	平均值	4.4752	4.5303	4.5058	4.4623	4.4906
	标准差	0.6003	0.5166	0.5724	0.5532	0.5535
6	平均值	4.5193	4.5445	4.5196	4.4895	4.5134
	标准差	0.5661	0.4971	0.5422	0.5245	0.5418
总计	平均值	4.4506	4.5211	4.4865	4.4487	4.4677
	标准差	0.6093	0.5086	0.5654	0.5466	0.5593

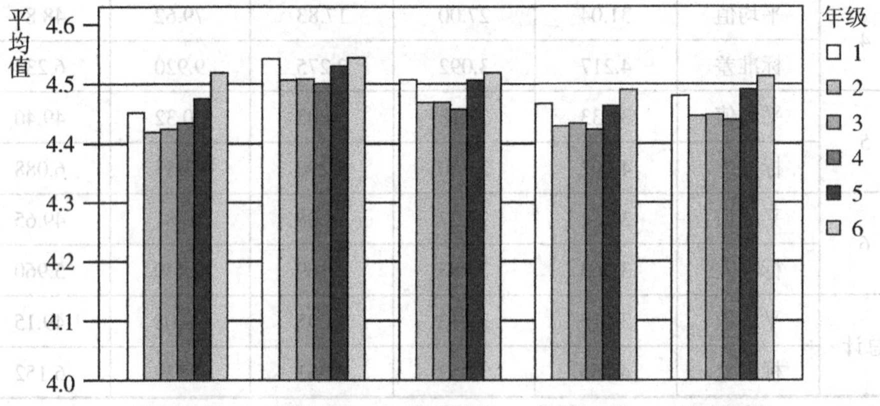

图6-3　不同年级教师道德与法治学科核心素养的表现

通过以上图表我们可以发现，相对来讲，教六年级、一年级和五年级的教师表现较好，而教其余三个年级的教师表现较差。进一步进行差异的显著性检验，具体结果见表6-8～表6-12。

表6–8　不同年级教师家国情怀素养的表现的方差分析

因变量	（I）所教年级	（J）所教年级	平均值差值（I-J）	标准误差	显著性	95%置信区间	
						下限	上限
家国情怀	1	2	0.0329*	0.0146	0.0241	0.0043	0.0615
		3	0.0280	0.0144	0.0523	–0.0003	0.0562
		4	0.0172	0.0147	0.2427	–0.0117	0.0461
		5	–0.0237	0.0149	0.1132	–0.0529	0.0056
		6	–0.0678*	0.0157	0.0000	–0.0985	–0.0370
	2	3	–0.0049	0.0144	0.7321	–0.0333	0.0234
		4	–0.0157	0.0148	0.2881	–0.0446	0.0133
		5	–0.0566*	0.0150	0.0002	–0.0859	–0.0272
		6	–0.1007*	0.0157	0.0000	–0.1315	–0.0699
	3	4	–0.0107	0.0146	0.4617	–0.0394	0.0179
		5	–0.0516*	0.0148	0.0005	–0.0806	–0.0226
		6	–0.0958*	0.0156	0.0000	–0.1262	–0.0653
	4	5	–0.0409*	0.0151	0.0068	–0.0705	–0.0113
		6	–0.0850*	0.0159	0.0000	–0.1161	–0.0539
	5	6	–0.0441*	0.0160	0.0059	–0.0756	–0.0127

* 平均值差值的显著性水平为0.05，统计方法为LSD

在家国情怀素养上，教一年级的教师比教二年级的教师表现好，比教六年级的教师表现差，且差异显著；教二、三、四年级的教师均比教五、六年级的教师表现差，且差异显著；教五年级的教师比教六年级的教师表现差，且差异显著。所有年级的教师中，教六年级的教师的表现显著好于教其他年级的教师。

表6–9　不同年级教师道德品格素养的表现的方差分析

因变量	（I）所教年级	（J）所教年级	平均值差值（I–J）	标准误差	显著性	95%置信区间	
						下限	上限
道德品格	1	2	0.0356*	0.0122	0.0035	0.0117	0.0595
		3	0.0350*	0.0120	0.0037	0.0114	0.0586
		4	0.0422*	0.0123	0.0006	0.0180	0.0663
		5	0.0123	0.0125	0.3236	–0.0121	0.0368
		6	–0.0018	0.0131	0.8887	–0.0275	0.0239
	2	3	–0.0006	0.0121	0.9614	–0.0242	0.0231
		4	0.0066	0.0123	0.5947	–0.0176	0.0308
		5	–0.0233	0.0125	0.0627	–0.0478	0.0012
		6	–0.0374*	0.0131	0.0044	–0.0632	–0.0117
	3	4	0.0072	0.0122	0.5577	–0.0168	0.0311
		5	–0.0227	0.0124	0.0664	–0.0469	0.0015
		6	–0.0368*	0.0130	0.0046	–0.0623	–0.0114
	4	5	–0.0298*	0.0126	0.0181	–0.0546	–0.0051
		6	–0.0440*	0.0133	0.0009	–0.0700	–0.0180
	5	6	–0.0141	0.0134	0.2910	–0.0404	0.0121
* 平均值差值的显著性水平为0.05，统计方法为LSD							

在道德品格素养上，教一年级的教师比教二、三、四年级的教师表现好，且差异显著；教二、三年级的教师均比教六年级的教师表现差，且差异显著；教四年级的教师比教五、六年级的教师表现差，且差异显著。

表6–10　不同年级教师法治意识素养的表现的方差分析

因变量	（I）所教年级	（J）所教年级	平均值差值（I–J）	标准误差	显著性	95%置信区间	
						下限	上限
法治意识	1	2	0.0390*	0.0135	0.0040	0.0124	0.0655
		3	0.0387*	0.0134	0.0038	0.0125	0.0650
		4	0.0501*	0.0137	0.0003	0.0232	0.0769

续表

因变量	（I）所教年级	（J）所教年级	平均值差值（I–J）	标准误差	显著性	95%置信区间	
						下限	上限
法治意识	1	5	0.0019	0.0139	0.8916	–0.0253	0.0291
		6	–0.0119	0.0146	0.4126	–0.0405	0.0166
	2	3	–0.0002	0.0134	0.9860	–0.0265	0.0261
		4	0.0111	0.0137	0.4177	–0.0158	0.0380
		5	–0.0371*	0.0139	0.0076	–0.0643	–0.0098
		6	–0.0509*	0.0146	0.0005	–0.0795	–0.0223
	3	4	0.0113	0.0136	0.4025	–0.0152	0.0379
		5	–0.0368*	0.0137	0.0073	–0.0638	–0.0099
		6	–0.0507*	0.0144	0.0005	–0.0790	–0.0224
	4	5	–0.0482*	0.0140	0.0006	–0.0757	–0.0207
		6	–0.0620*	0.0147	0.0000	–0.0909	–0.0331
	5	6	–0.0138	0.0149	0.3531	–0.0430	0.0154

* 平均值差值的显著性水平为0.05，统计方法为LSD

在法治意识素养上，教一年级的教师比教二、三、四年级的教师表现好，且差异显著；教二、三、四年级的教师均比教五、六年级的教师表现差，且差异显著。

表6–11 不同年级教师健康生活素养的表现的方差分析

因变量	（I）所教年级	（J）所教年级	平均值差值（I–J）	标准误差	显著性	95%置信区间	
						下限	上限
健康生活	1	2	0.0371*	0.0131	0.0046	0.0114	0.0628
		3	0.0329*	0.0129	0.0111	0.0075	0.0582
		4	0.0425*	0.0132	0.0013	0.0166	0.0685
		5	0.0036	0.0134	0.7903	–0.0227	0.0298
		6	–0.0236	0.0141	0.0941	–0.0512	0.0040
	2	3	–0.0042	0.0130	0.7431	–0.0297	0.0212
		4	0.0054	0.0133	0.6811	–0.0205	0.0314

续 表

因变量	（I）所教年级	（J）所教年级	平均值差值（I–J）	标准误差	显著性	95%置信区间	
						下限	上限
健康生活	2	5	–0.0335*	0.0134	0.0125	–0.0599	–0.0072
		6	–0.0607*	0.0141	0.0000	–0.0883	–0.0330
	3	4	0.0097	0.0131	0.4593	–0.0160	0.0354
		5	–0.0293*	0.0133	0.0274	–0.0553	–0.0033
		6	–0.0564*	0.0140	0.0001	–0.0838	–0.0291
	4	5	–0.0390*	0.0136	0.0041	–0.0656	–0.0124
		6	–0.0661*	0.0142	0.0000	–0.0940	–0.0382
	5	6	–0.0271	0.0144	0.0594	–0.0554	0.0011
* 平均值差值的显著性水平为0.05，统计方法为LSD							

在健康生活素养上，教一年级的教师比教二、三、四年级的教师表现好，且差异显著；教二、三、四年级的教师均比教五、六年级的教师表现差，且差异显著。

表6–12　不同年级教师实践智慧素养的表现的方差分析

因变量	（I）所教年级	（J）所教年级	平均值差值（I–J）	标准误差	显著性	95%置信区间	
						下限	上限
实践智慧	1	2	0.0342*	0.0134	0.0107	0.0080	0.0605
		3	0.0320*	0.0132	0.0156	0.0061	0.0580
		4	0.0403*	0.0135	0.0029	0.0138	0.0669
		5	–0.0102	0.0137	0.4576	–0.0371	0.0167
		6	–0.0330*	0.0144	0.0219	–0.0613	–0.0048
	2	3	–0.0022	0.0133	0.8687	–0.0282	0.0238
		4	0.0061	0.0136	0.6515	–0.0205	0.0327
		5	–0.0444*	0.0137	0.0012	–0.0713	–0.0175
		6	–0.0672*	0.0144	0.0000	–0.0955	–0.0389
	3	4	0.0083	0.0134	0.5349	–0.0180	0.0346
		5	–0.0422*	0.0136	0.0019	–0.0688	–0.0156
		6	–0.0650*	0.0143	0.0000	–0.0930	–0.0370

续 表

因变量	（I）所教年级	（J）所教年级	平均值差值（I–J）	标准误差	显著性	95%置信区间	
						下限	上限
实践智慧	4	5	–0.0505*	0.0139	0.0003	–0.0777	–0.0233
		6	–0.0734*	0.0146	0.0000	–0.1019	–0.0448
	5	6	–0.0228	0.0147	0.1211	–0.0517	0.0060
* 平均值差值的显著性水平为0.05，统计方法为LSD							

在实践智慧素养上，教一年级的教师比教二、三、四年级的教师表现好，比教六年级的教师表现差，且差异显著；教二、三、四年级的教师均比教五、六年级的教师表现差，且差异显著。

四、不同职称教师道德与法治学科核心素养的教学表现分析

对不同职称教师道德与法治学科核心素养的表现进行分析，结果见表6–13。

表6–13　不同职称教师道德与法治学科核心素养的表现

职称		家国情怀	道德品格	法治意识	健康生活	实践智慧
试用期	平均值	31.15	27.29	17.94	79.74	48.85
	标准差	4.675	3.225	2.471	11.014	6.999
初级	平均值	30.89	26.88	17.81	79.34	48.51
	标准差	4.598	3.334	2.439	10.688	6.769
二级	平均值	31.37	27.22	18.00	80.47	49.37
	标准差	4.224	3.023	2.251	9.757	6.099
一级	平均值	31.04	27.02	17.91	79.95	49.18
	标准差	4.067	2.944	2.153	9.259	5.710
高级	平均值	31.18	27.30	18.10	80.69	49.52
	标准差	3.977	2.843	2.098	9.053	5.612
总计	平均值	31.15	27.13	17.95	80.08	49.15
	标准差	4.265	3.052	2.261	9.839	6.152

每个学科素养包含的题目数量不同，所以对其求均值，具体情况见表

6–14，如图6–14所示。

表6–14　不同职称教师道德与法治学科核心素养的表现（均值）

职称		家国情怀	道德品格	法治意识	健康生活	实践智慧
试用期	平均值	4.4496	4.5481	4.4845	4.4298	4.4413
	标准差	0.6679	0.5375	0.6178	0.6119	0.6363
初级	平均值	4.4123	4.4806	4.4536	4.4080	4.4101
	标准差	0.6568	0.5557	0.6096	0.5938	0.6154
二级	平均值	4.4815	4.5371	4.4993	4.4708	4.4882
	标准差	0.6035	0.5038	0.5628	0.5421	0.5544
一级	平均值	4.4342	4.5027	4.4777	4.4416	4.4708
	标准差	0.5811	0.4907	0.5383	0.5144	0.5191
高级	平均值	4.4545	4.5502	4.5252	4.4826	4.5016
	标准差	0.5682	0.4738	0.5244	0.5030	0.5102
总计	平均值	4.4506	4.5211	4.4865	4.4487	4.4677
	标准差	0.6093	0.5086	0.5654	0.5466	0.5593

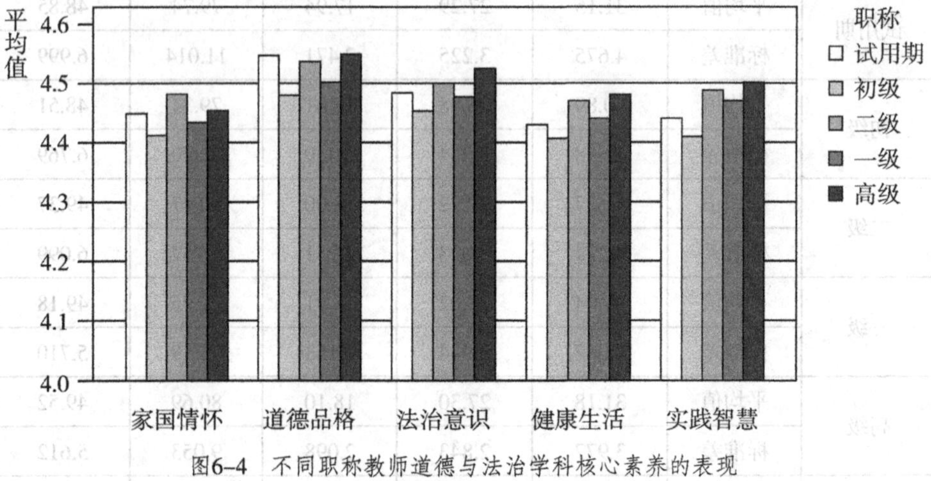

图6–4　不同职称教师道德与法治学科核心素养的表现

通过以上图表我们可以发现，相对来讲，试用期、二级和高级职称的教师表现较好，而初级和一级职称的教师表现相对较差。进一步进行差异的显著性检验，具体结果见表6-15。

表6-15　不同职称教师道德与法治学科素养的表现的方差分析

因变量	（I）职称	（J）职称	均值差（I-J）	标准误	显著性	95%置信区间	
						下限	上限
家国情怀教学	试用期	初级	0.0374*	0.0173	0.0305	0.0035	0.0712
	试用期	二级	-0.0319*	0.0140	0.0232	-0.0594	-0.0043
	试用期	一级	0.0154	0.0139	0.2671	-0.0118	0.0427
	试用期	高级	-0.0048	0.0193	0.8030	-0.0427	0.0331
	初级	二级	-0.0693*	0.0147	0.0000	-0.0982	-0.0404
	初级	一级	-0.0219	0.0146	0.1337	-0.0506	0.0067
	初级	高级	-0.0422*	0.0199	0.0335	-0.0811	-0.0033
	二级	一级	0.0473*	0.0106	0.0000	0.0265	0.0682
	二级	高级	0.0271	0.0171	0.1140	-0.0065	0.0606
	一级	高级	-0.0203	0.0170	0.2335	-0.0536	0.0131
道德品格教学	试用期	初级	0.0675*	0.0144	0.0000	0.0392	0.0957
	试用期	二级	0.0110	0.0117	0.3466	-0.0119	0.0340
	试用期	一级	0.0454*	0.0116	0.0001	0.0226	0.0681
	试用期	高级	-0.0021	0.0161	0.8976	-0.0337	0.0296
	初级	二级	-0.0564*	0.0123	0.0000	-0.0806	-0.0323
	初级	一级	-0.0221	0.0122	0.0700	-0.0460	0.0018
	初级	高级	-0.0696*	0.0166	0.0000	-0.1020	-0.0371
	二级	一级	0.0343*	0.0089	0.0001	0.0170	0.0517
	二级	高级	-0.0131	0.0143	0.3589	-0.0411	0.0149
	一级	高级	-0.0474*	0.0142	0.0008	-0.0753	-0.0196
法治意识教学	试用期	初级	0.0309	0.0160	0.0541	-0.0005	0.0623
	试用期	二级	-0.0147	0.0130	0.2586	-0.0403	0.0108
	试用期	一级	0.0068	0.0129	0.5965	-0.0185	0.0322
	试用期	高级	-0.0407*	0.0180	0.0235	-0.0759	-0.0055
	初级	二级	-0.0456*	0.0137	0.0009	-0.0724	-0.0188

续 表

因变量	（I）职称	（J）职称	均值差（I–J）	标准误	显著性	95%置信区间	
						下限	上限
法治意识教学	初级	一级	–0.0240	0.0136	0.0765	–0.0506	0.0026
	初级	高级	–0.0715*	0.0184	0.0001	–0.1077	–0.0354
	二级	一级	0.0216*	0.0099	0.0287	0.0022	0.0409
	二级	高级	–0.0259	0.0159	0.1027	–0.0571	0.0052
	一级	高级	–0.0415*	0.0158	0.0088	–0.0725	–0.0105
健康生活教学	试用期	初级	0.0218	0.0155	0.1598	–0.0086	0.0521
	试用期	二级	–0.0410*	0.0126	0.0012	–0.0657	–0.0163
	试用期	一级	–0.0118	0.0125	0.3465	–0.0362	0.0127
	试用期	高级	–0.0528*	0.0173	0.0024	–0.0868	–0.0188
	初级	二级	–0.0627*	0.0132	0.0000	–0.0887	–0.0368
	初级	一级	–0.0335*	0.0131	0.0106	–0.0592	–0.0078
	初级	高级	–0.0745*	0.0178	0.0000	–0.1094	–0.0396
	二级	一级	0.0292*	0.0095	0.0022	0.0105	0.0479
	二级	高级	–0.0118	0.0154	0.4427	–0.0419	0.0183
	一级	高级	–0.0410*	0.0153	0.0072	–0.0709	–0.0111
实践智慧教学	试用期	初级	0.0312*	0.0158	0.0487	0.0002	0.0623
	试用期	二级	–0.0469*	0.0129	0.0003	–0.0721	–0.0216
	试用期	一级	–0.0295*	0.0128	0.0208	–0.0546	–0.0045
	试用期	高级	–0.0603*	0.0177	0.0007	–0.0951	–0.0255
	初级	二级	–0.0781*	0.0135	0.0000	–0.1046	–0.0516
	初级	一级	–0.0608*	0.0134	0.0000	–0.0871	–0.0345
	初级	高级	–0.0915*	0.0182	0.0000	–0.1273	–0.0558
	二级	一级	0.0173	0.0097	0.0753	–0.0018	0.0365
	二级	高级	–0.0134	0.0157	0.3928	–0.0442	0.0174
	一级	高级	–0.0308*	0.0156	0.0488	–0.0614	–0.0002

*平均值差值的显著性水平为0.05，分析方法为LSD

方差分析显示，试用期教师在培养学生学科核心素养方面的教学表现均好于初级教师，且在家国情怀、道德品格、实践智慧素养上存在显著差异。在所有学科核心素养上，初级教师的表现要比二级和高级职称教师的表现差，且差异具有显著性。在所有学科核心素养上，二级教师要比一级教师表现好，且除实践智慧素养外，均具有显著性差异。在所有学科核心素养上，高级教师的表现要比一级教师好，且除家国情怀素养外，其他素养均有显著性差异。

五、不同教龄教师道德与法治学科核心素养的教学表现分析

对不同教龄教师在道德与法治学科核心素养上的表现进行分析，结果见表6–16。

表6–16 不同教龄教师道德与法治学科核心素养的表现

教龄		家国情怀	道德品格	法治意识	健康生活	实践智慧
0～3年	均值	31.33	27.36	18.02	80.20	49.17
	标准差	4.541	3.133	2.382	10.637	6.731
4～10年	均值	30.97	26.97	17.82	79.53	48.63
	标准差	4.482	3.254	2.401	10.454	6.567
11～20年	均值	31.21	27.10	17.94	80.28	49.28
	标准差	4.331	3.140	2.321	9.845	6.148
20年以上	均值	31.11	27.07	17.96	80.18	49.32
	标准差	3.935	2.842	2.077	8.972	5.531
总计	平均值	31.15	27.13	17.95	80.08	49.15
	标准差	4.265	3.052	2.261	9.839	6.152

不同学科素养所包含的题目数量不同，所以对其求均值，具体情况见表6–17，如图6–5所示。

表6–17 不同教龄教师道德与法治学科核心素养的表现（均值）

教龄		家国情怀均值	道德品格均值	法治意识均值	健康生活均值	实践智慧均值
0～3年	均值	4.4755	4.5603	4.5061	4.4555	4.4701
	标准差	0.6487	0.5221	0.5955	0.5910	0.6119

续表

教龄		家国情怀均值	道德品格均值	法治意识均值	健康生活均值	实践智慧均值
4～10年	均值	4.4247	4.4950	4.4556	4.4183	4.4208
	标准差	0.6403	0.5424	0.6003	0.5808	0.5970
11～20年	均值	4.4582	4.5159	4.4854	4.4601	4.4802
	标准差	0.6187	0.5234	0.5802	0.5469	0.5589
20年以上	均值	4.4446	4.5125	4.4904	4.4543	4.4836
	标准差	0.5622	0.4737	0.5194	0.4984	0.5028
总计	平均值	4.4506	4.5211	4.4865	4.4487	4.4677
	标准差	0.6093	0.5086	0.5654	0.5466	0.5593

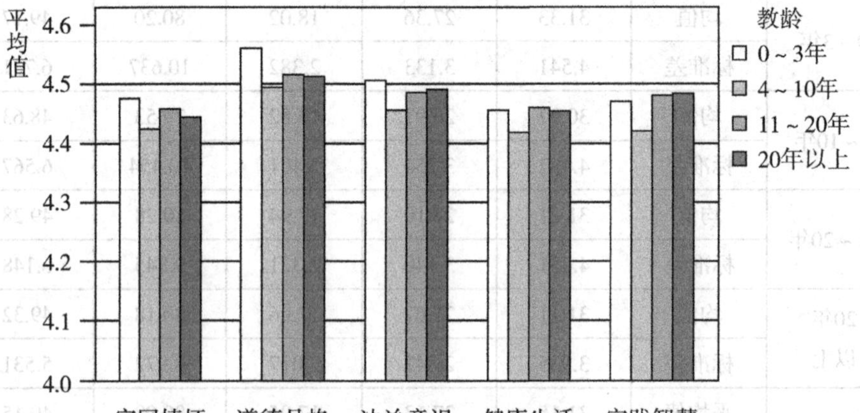

图6-5　不同教龄教师道德与法治学科核心素养的表现

通过以上图表我们可以发现，在家国情怀、道德品格和法治意识三个素养上，教龄为0～3年的教师表现最好；在健康生活素养上，教龄为0～3年、11～20年和20年以上的教师表现相当；在实践智慧素养上，教龄为11～20年和20年以上的教师表现较好。在所有学科素养上，教龄为4～10年的教师表现最差。进一步进行差异的显著性检验，具体结果见表6–18。

表6-18 不同教龄教师学科核心素养的表现的方差分析

因变量	（I）教龄	（J）教龄	均值差（I-J）	标准误	显著性	95%置信区间	
						下限	上限
家国情怀教学	0~3年	4~10年	0.0508*	0.0133	0.0001	0.0247	0.0770
	0~3年	11~20年	0.0173	0.0135	0.2012	-0.0092	0.0438
	0~3年	20年以上	0.0310*	0.0113	0.0061	0.0088	0.0531
	4~10年	11~20年	-0.0336*	0.0142	0.0181	-0.0614	-0.0057
	4~10年	20年以上	-0.0199	0.0121	0.1006	-0.0436	0.0038
	11~20年	20年以上	0.0137	0.0123	0.2664	-0.0105	0.0378
道德品格教学	0~3年	4~10年	0.0653*	0.0111	0.0000	0.0435	0.0871
	0~3年	11~20年	0.0444*	0.0113	0.0001	0.0223	0.0665
	0~3年	20年以上	0.0478*	0.0094	0.0000	0.0294	0.0663
	4~10年	11~20年	-0.0209	0.0118	0.0774	-0.0441	0.0023
	4~10年	20年以上	-0.0175	0.0101	0.0837	-0.0373	0.0023
	11~20年	20年以上	0.0035	0.0103	0.7366	-0.0167	0.0236
法治意识教学	0~3年	4~10年	0.0505*	0.0124	0.0000	0.0263	0.0747
	0~3年	11~20年	0.0207	0.0125	0.0984	-0.0039	0.0453
	0~3年	20年以上	0.0157	0.0105	0.1335	-0.0048	0.0363
	4~10年	11~20年	-0.0298*	0.0132	0.0239	-0.0556	-0.0039
	4~10年	20年以上	-0.0348*	0.0112	0.0020	-0.0568	-0.0127
	11~20年	20年以上	-0.0050	0.0114	0.6618	-0.0274	0.0174
健康生活教学	0~3年	4~10年	0.0372*	0.0120	0.0019	0.0137	0.0606
	0~3年	11~20年	-0.0046	0.0121	0.7047	-0.0284	0.0192
	0~3年	20年以上	0.0012	0.0101	0.9087	-0.0187	0.0210
	4~10年	11~20年	-0.0418*	0.0127	0.0010	-0.0667	-0.0168
	4~10年	20年以上	-0.0360*	0.0109	0.0009	-0.0573	-0.0147
	11~20年	20年以上	0.0058	0.0111	0.6023	-0.0159	0.0274

续 表

因变量	（I）教龄	（J）教龄	均值差（I–J）	标准误	显著性	95%置信区间	
						下限	上限
实践智慧教学	0～3年	4～10年	0.0492*	0.0122	0.0001	0.0253	0.0732
	0～3年	11～20年	–0.0101	0.0124	0.4142	–0.0344	0.0142
	0～3年	20年以上	–0.0135	0.0104	0.1925	–0.0338	0.0068
	4～10年	11～20年	–0.0594*	0.0130	0.0000	–0.0849	–0.0338
	4～10年	20年以上	–0.0628*	0.0111	0.0000	–0.0845	–0.0410
	11～20年	20年以上	–0.0034	0.0113	0.7649	–0.0255	0.0188
*平均值差值的显著性水平为0.05，分析方法为LSD							

方差分析显示，在家国情怀素养上，0～3年教龄的教师比4～10年、20年以上教龄的教师表现好，且存在显著差异；11～20年教龄的教师比4～10年教龄的教师表现好，且存在显著差异；在道德品格素养上，0～3年教龄的教师比其他教龄的教师表现好，且差异显著；在法治意识、健康生活和实践智慧素养上，4～10年教龄的教师比其他教龄的教师表现差，且差异存在显著性。

六、专职和兼职教师道德与法治学科核心素养的教学表现分析

对专职教师和兼职教师道德与法治学科核心素养的表现进行分析，结果见表6–19。

表6–19　专职和兼职教师道德与法治学科核心素养的表现

专职/兼职		家国情怀	道德品格	法治意识	健康生活	实践智慧
兼职	平均值	31.16	27.13	17.95	80.08	49.15
	标准差	4.265	3.047	2.255	9.813	6.132
专职	平均值	31.10	27.10	17.92	79.98	49.13
	标准差	4.265	3.149	2.377	10.329	6.535
总计	平均值	31.15	27.13	17.95	80.08	49.15
	标准差	4.265	3.052	2.261	9.839	6.152

每个学科素养包含的题目数量不同，所以对其求均值，具体情况见表6–20，如图6–6所示。

表6–20　专职和兼职教师道德与法治学科核心素养的表现（均值）

专职/兼职		家国情怀	道德品格	法治意识	健康生活	实践智慧
兼职	平均值	4.4510	4.5213	4.4869	4.4490	4.4678
	标准差	0.6093	0.5078	0.5638	0.5451	0.5574
专职	平均值	4.4422	4.5173	4.4802	4.4434	4.4665
	标准差	0.6093	0.5249	0.5943	0.5738	0.5941
总计	平均值	4.4506	4.5211	4.4865	4.4487	4.4677
	标准差	0.6093	0.5086	0.5654	0.5466	0.5593

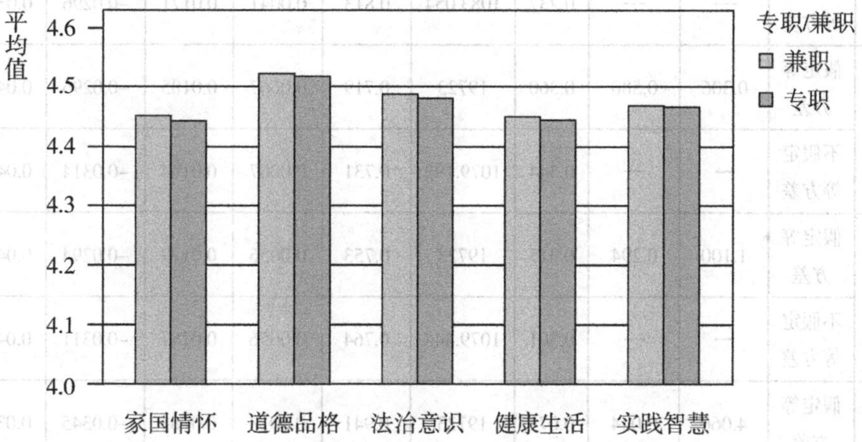

图6–6　专职和兼职教师道德与法治学科核心素养的表现

通过以上图表我们可以发现，在家国情怀、道德品格、法治意识和健康生活四个素养上，兼职教师比专职教师的表现好；在实践智慧学科素养上，两者的表现相当。进一步进行差异的显著性检验，具体结果见表6–21。

表6–21　专职和兼职教师道德与法治学科核心素养表现的方差分析

学科核心素养	差异值类型	莱文方差等同性检验		平均值等同性 t 检验						
		F	显著性	*t*	自由度	显著性（双尾）	平均值差值	标准误差差值	差值95%置信区间	
									下限	上限
家国情怀	假定等方差	0.078	0.779	0.443	19723	0.658	0.0088	0.0199	–0.0302	0.0479
	不假定等方差	—	—	0.443	1090.016	0.658	0.0088	0.0199	–0.0303	0.0479
道德品格	假定等方差	0.475	0.491	0.244	19723	0.807	0.0041	0.0166	–0.0285	0.0367
	不假定等方差	—	—	0.237	1083.054	0.813	0.0041	0.0171	–0.0296	0.0377
法治意识	假定等方差	0.306	0.580	0.360	19723	0.719	0.0067	0.0185	–0.0296	0.0429
	不假定等方差	—	—	0.344	1079.192	0.731	0.0067	0.0194	–0.0314	0.0447
健康生活	假定等方差	1.100	0.294	0.315	19723	0.753	0.0056	0.0179	–0.0294	0.0407
	不假定等方差	—	—	0.301	1079.444	0.764	0.0056	0.0187	–0.0311	0.0423
实践智慧	假定等方差	4.060	0.044	0.074	19723	0.941	0.0013	0.0183	–0.0345	0.0372
	不假定等方差	—	—	0.070	1077.070	0.945	0.0013	0.0194	–0.0366	0.0393

差异检验显示，专职教师和兼职教师在所有道德与法治学科核心素养上的表现差异均不显著。

第七章　研究结论与启示

一、山东省小学生核心素养发展情况

1. 小学生在各核心素养上的发展不均衡

从问卷的数据分析结果可以看出，当前山东省小学生在六大核心素养上的表现水平相对较高。其中，责任担当的表现最好，题目的平均值为4.6671分；科学精神的表现最差，题目的平均值为4.1317分。

进一步分析发现，学生在各核心素养上的发展不均衡。其中，小学生在科学精神核心素养上的表现差异最大，理性思维的发展水平最高，为4.5280分；批判质疑的分数最低，为3.6538分。在人文底蕴核心素养的三个基本点上，审美情趣表现最好，均值为4.6843分；人文积淀表现最差，均值为4.4103分。在学会学习核心素养上，小学生在三个基本点上的表现相差不大，其中乐学善学发展水平最高，均值为4.5681；勤于反思发展水平最低，均值为4.4111。在健康生活核心素养上，小学生在健全人格基本点和自我管理基本点上的表现相当，分别为4.6266分和4.6071分；珍爱生命的分数最低，为4.2447分。在责任担当核心素养上，小学生在国际理解和社会责任两个基本点上的表现相当，分别为4.7089分和4.6947分；国家认同的表现最差，为4.6085分。在实践创新核心素养上，小学生劳动意识的发展水平最高，为4.4680分；问题解决的发展水平最低，为4.2298分。

这说明，对于山东省小学生而言，六大核心素养的发展并不均衡，同时，各基本点的发展也不均衡。相对来讲，山东省小学生在责任担当、人文底蕴和学会学习这三大核心素养上的发展较好，而科学精神、健康生活和实践创新这三大核心素养，尤其是科学精神核心素养的发展较弱，需要我们在教育实践中重点关注。同时，我们还需要具体关注发展较弱的基本点，如批判质疑、珍爱生命、问题解决等。只有这样，学生的各核心素养和各基本点才能得到协调发展和整体提升。

2. 女生在大部分核心素养上的表现显著优于男生

根据问卷的数据分析可以看出，除了科学精神这一核心素养外，山东省小学生在其余核心素养的发展上，女生的表现均优于男生。而在科学精神核心素养上，男生的表现优于女生。

进一步分析各基本点可以发现，在勇于探究基本点上，男生的表现要显著优于女生；在问题解决基本点上，男生的表现优于女生，但是差异不显著；而在其余基本点上，女生的表现均优于男生，且差异显著。

这说明，对于山东省小学生，女生在六大核心素养上的发展较为均衡，而男生是需要我们重点关注的群体，除了需要维持男生在科学精神核心素养上的优势发展以外，我们更要关注男生其余几个核心素养的发展，从而促进其全面发展。

3. 小学生六大核心素养的表现随年级升高而不断提升

对不同年级的小学生在六大核心素养上的表现进行分析，发现在六大核心素养上，小学生的表现随着年级升高而不断提升。其中，三年级在所有年级中表现最差，所以在教学实践活动中，我们应该重点关注三年级学生的发展。

进一步分析各基本点可以发现，大部分核心素养的基本点的发展水平均随着年级的升高而显著升高，包括人文底蕴核心素养的两个基本点——人文积淀和人文情怀、科学精神核心素养的三个基本点——理性思维、批判质疑、勇于探究、学会学习核心素养的两个基本点——乐学善学和勤于反思、健康生活的两个基本点——健全人格和自我管理、责任担当的三个基本点——社会责任、国际理解和国家认同、实践创新的两个基本点——问题解决和技术运用。

这说明，当前山东省的小学教学在促进学生大部分核心素养及其基本点的发展方面有一定的效果，这一点是值得肯定的。

但分析也显示，在某些基本点上，小学生的表现呈反向变化趋势，如审美情趣、珍爱生命，而信息意识和劳动意识两个基本点的变化趋势不明显。

二、山东省小学教师发展学生核心素养的教学表现

1. 教师对各核心素养的重视程度不均衡

从问卷的数据分析结果可以看出，当前山东省小学教师在教学中培养学生六大核心素养的教学表现情况良好，在对各核心素养的重视度方面表现不均衡。其中，科学精神教学表现水平最高，均值为4.4906；其次是责任担当教学，均值为4.4651；最后是学会学习，均值为4.4260。由此可以看出，相对来说，教师在教学中比较重视培养学生的科学精神、责任担当和学习学习的核心素养。人文底蕴教学表现水平最低，均值为4.0988；其次较差的是健康生活教学，均值为4.2530。反映出教师在教学中对学生人文底蕴和健康生活的培养相对偏弱。

具体分析教师在培养学生各核心素养基本点的教学表现可以看出，教师对各基本点培养的重视度差异很大。

（1）在人文底蕴核心素养上，教师认为自己在培养人文情怀方面的教学表现更好一些，为4.5501分；其次是在培养审美情趣方面的教学表现，为4.3500分；在培养人文积淀方面的教学表现稍差一些，为3.5637分。结合学生问卷数据分析，两者相差不大，即都认为人文积淀基本点的表现最差。

（2）在科学精神核心素养上，教师认为自己在培养理性思维方面的教学表现更好一些，为4.5490分；其次是在培养批判质疑方面的教学表现，为4.5230分；在培养勇于探究方面的教学表现稍差一些，为4.3990分。结合学生问卷数据分析，教师和学生的认识存在差异，主要表现为：教师认为在教学活动中要注重培养学生的批判质疑基本点，而学生则认为在三个基本点中，批判质疑基本点的发展最弱。这就提示我们在日常教学活动中，应该更多关注培养学生批判质疑的品质。

（3）在学会学习核心素养方面，教师认为自己在培养乐学善学方面的教学表现更好一些，为4.4562分；其次是在培养信息意识方面的教学表现，为4.4256分；在培养勤于反思方面的教学表现稍差一些，为4.3640分。结合学生问卷数

据分析，两者所反映的数据基本一致。

（4）在培养学生健康生活核心素养的教学中，教师在不同基本点方面教学表现不尽相同。教师认为自己在培养珍爱生命方面的教学表现更好一些，为4.5348分；其次是在培养自我管理方面的教学表现，为4.5285分；在培养健全人格方面的教学表现稍差一些，为3.6958分。结合学生问卷分析，两者的差异比较大，具体表现为：学生认为珍爱生命基本点的表现最差，教师却认为在日常教学活动中最为重视珍爱生命基本点。这就提示我们在日常教学活动中，应该更多地反思关于珍爱生命的教学活动，从而真正有效地让学生切实感知并内化相关教学内容。

（5）在培养学生责任担当核心素养的教学中，教师认为自己在培养社会责任方面的教学表现更好一些，为4.4898分；其次是在培养国家认同方面的教学表现，为4.4803分；在培养国际理解方面的教学表现稍差一些，为4.3610分。与学生问卷数据相比，也存在较大差异，具体表现为：在国家认同这一基本点上，教师认为在日常教学活动中非常重视该基本点，而学生则认为在这一基本点上的表现最差。

（6）在培养学生实践创新核心素养的教学中，教师认为自己在培养劳动意识方面的教学表现更好一些，为4.4487分；其次是在培养问题解决方面的教学表现，为4.4190分；在培养技术运用方面的教学表现稍差一些，为4.2198分。结合学生问卷数据分析，教师和学生之间存在差异，主要表现为：问题解决和技术运用两个基本点，学生问卷的数据反映在问题解决方面表现最差，而教师则认为在技术运用方面的教学表现较差。

2. 女教师在培养学生核心素养方面的表现显著优于男教师

数据分析显示，不同性别教师在教学中对学生六大核心素养培养的表现情况与总体相同，即相对比较重视科学精神和责任担当核心素养的培养，而对人文底蕴和健康生活核心素养培养的教学相对偏弱。但女教师在教学中培养学生六大核心素养的教学表现均比男教师好，且差异存在显著性。

3. 不同年级教师在培养学生核心素养上的表现有差异

数据分析显示，不同年级教师在教学中对各核心素养培养的表现情况与总体相同，即相对比较重视科学精神和责任担当核心素养的培养，而对人文底蕴和健康生活核心素养培养的教学相对偏弱。教一、五、六年级的教师在教学中培养学生六大核心素养的教学表现均好于教二、三、四年级的教师。

结合学生数据分析，小学生的表现随着年级的升高而不断提升。其中，三年级小学生的表现最差，其次是四年级。所以我们必须重视对教三、四年级的教师的培训工作，更加关注这个群体。

4. 不同职称教师在培养学生核心素养上的表现有差异

数据分析显示，不同职称的教师在教学中对学生各核心素养培养的表现情况与总体相同，即相对比较重视科学精神和责任担当核心素养的培养，而对人文底蕴和健康生活核心素养培养的教学相对偏弱。从不同职称之间的比较来看，试用期、二级和高级教师在教学中培养学生核心素养的教学表现比较好。

方差分析显示，试用期教师在培养学生六大核心素养方面的教学表现均好于初级教师，且在人文底蕴、科学精神、责任担当核心素养上存在显著差异。除实践创新核心素养培养上初级教师的表现好于一级教师外，在其余核心素养上，初级教师的表现均比其他职称教师的表现差，且差异具有显著性。二级教师在教学中培养学生六大核心素养的教学表现情况基本上比一级教师、高级教师差，且除人文底蕴核心素养外，其他五个核心素养差异显著。而高级教师在六大核心素养上的表现均好于其他职称教师，且除责任担当和实践创新核心素养外，在其余四大核心素养上的差异均具有显著性。这就提示我们，在日常的教育教学活动中要重点关注初级教师、二级教师的培训、引导。

5. 不同教龄教师在培养学生核心素养上的表现有差异

不同教龄的教师在教学中对学生各核心素养培养的教学表现情况与总体相同，即相对比较重视科学精神和责任担当核心素养的培养，而对人文底蕴和健康生活核心素养培养的教学相对偏弱。从不同教龄教师之间的比较来看，在人文底蕴、科学精神、学会学习、健康生活和责任担当核心素养上，4 ~ 10年教龄的教师表现最差，0 ~ 3年教龄的教师在六大核心素养上表现均较好。

方差分析显示，0 ~ 3年教龄的教师在培养学生六大核心素养方面的教学表现均显著好于4 ~ 10年教龄的教师。在人文底蕴、科学精神、学会学习和健康生活核心素养上，4～10年教龄教师的教学表现比11～20年、20年以上教龄的教师要差，且差异存在显著性；在责任担当核心素养上，4～10年教龄的教师比11～20年教龄的教师表现差，且存在显著性差异；在人文底蕴核心素养上，11～20年教龄的教师比20年以上教龄的教师表现差，且差异存在显著性；在实践创新核心素养上，11～20年教龄的教师比20年以上教龄的教师表现好，且差异存在显著性。

这一结果与不同职称教师的教学表现基本一致，究其原因，主要是当前教师职称与教龄关系密切。因此，对教龄与培养核心素养的教学表现的分析解释与职称是一致的。

三、山东省小学生道德与法治学科核心素养发展情况

1. 小学生在各学科素养上的发展不均衡

小学生在道德与法治学科核心素养上的表现并不一致。其中，规则意识的表现最好，为4.7238分；其次是家国情怀和道德品质，分别为4.7056分和4.6652分；而知行合一表现最差，为4.3414分；较差的是健康生活，为4.5133分。

2. 女生在大部分学科素养上的表现显著优于男生

不同性别小学生在家国情怀、道德品质、规则意识和知行合一学科核心素养上的表现并不一致，男生的表现要比女生的表现差。这一结果与男、女生在六大核心素养上的表现基本一致。进行差异的显著性分析发现，在家国情怀、道德品质、规则意识和健康生活四个学科核心素养上，男生的表现显著差于女生，而在知行合一学科核心素养上，两者的差异不显著。

3. 小学生大部分道德与法治学科核心素养的表现随年级升高而不断提升

数据分析显示，大体上，小学生的道德与法治学科核心素养随年级升高而不断提升，其中三年级的表现基本是最差的，其次是四年级，这一结果与小学生在六大核心素养上的表现基本一致。

四、五、六年级的小学生，学科核心素养的分数随着年级的升高而增加，而一、二、三年级的小学生，只有在道德品质学科核心素养上随年级升高而增加，在家国情怀和规则意识两项学科核心素养上，随年级升高而递减。在健康

生活和知行合一学科核心素养上，二年级的表现要好于一、三年级。

四、山东省小学教师发展学生道德与法治学科核心素养的教学表现

1. 教师对各学科核心素养的重视程度相对均衡

数据分析显示，教师在道德与法治学科核心素养上的分数从高到低依次为：道德品格4.5211分，法治意识4.4865分，实践智慧4.4677分，家国情怀4.4506分，健康生活4.4487分。这与学生的数据有一些差异，主要体现在实践智慧（知行合一）和家国情怀学科核心素养上：学生数据反映，在家国情怀学科核心素养上的表现比较好，在知行合一学科核心素养上的表现最差，而教师则认为在这几个学科核心素养上，教师的重视程度相对比较均衡。这就提示在日常教育教学中，教师应该结合学生的实际表现进行反思和调整，重视知行合一的教学实践。

2. 女教师在培养学生学科核心素养方面的表现显著优于男教师

数据分析显示，女教师在培养学生道德与法治学科核心素养方面的表现均显著优于男教师。结合学生的数据，男生是需要我们重点关注的一个群体，对于小学生而言，他们具有很强的向师性，对于同性别的成年人有较强的模仿力，所以男教师也是需要我们重点关注的一个群体。在实际教学中，男教师的数量相对较少，这也是需要实际解决的一个问题。

3. 不同年级教师在培养学生道德与法治学科核心素养方面的表现存在差异

数据分析显示，教二、三、四年级的教师在培养学生道德与法治学科核心素养方面的表现相对较差。结合学生数据，两者基本一致。所以，在以后的教育培训中，教二、三、四年级的教师是需要重点关注的一个群体。

4. 不同职称教师在培养学生道德与法治学科核心素养方面的表现存在差异

数据分析显示，试用期、二级和高级职称的教师表现较好，而初级和一级职称的教师表现相对较差。方差分析显示，试用期教师在培养学生学科素养方面的教学表现均好于初级教师，且在家国情怀、道德品格、实践智慧学科核心素养上存在显著差异。在所有学科核心素养上，初级教师的表现要比二级和高

级职称教师的表现差，且差异具有显著性。在所有学科核心素养上，二级教师要比一级教师表现好，且除实践智慧学科核心素养外，均具有显著性差异。在所有学科核心素养上，高级教师的表现要比一级教师好，且除家国情怀学科核心素养外，其他素养均具有显著性差异。这一结果与教师在六大核心素养上的表现结果一致。

5. 不同教龄教师在培养学生道德与法治学科核心素养方面的表现存在差异

数据分析显示，在家国情怀、道德品格和法治意识三个学科核心素养上，教龄为0～3年的教师表现最好；在健康生活学科核心素养上，教龄为0～3年、11～20年和20年以上的教师表现相当；在实践智慧学科核心素养上，教龄为11～20年和20年以上的教师表现较好；在所有学科核心素养上，教龄为4～10年的教师表现最差。

方差分析显示，在家国情怀学科核心素养上，0～3年教龄的教师比4～10年、20年以上教龄的教师表现好，且存在显著差异；11～20年教龄的教师表现比4～10年教龄的教师好，且存在显著差异。在道德品格学科核心素养上，0～3年教龄的教师比其他教龄的教师表现好，且差异显著。在法治意识、健康生活和实践智慧学科核心素养上，4～10年教龄的教师比其他教龄的教师表现差，且差异存在显著性。这一结果与教师在六大核心素养上的表现结果一致。

附录

山东省小学道德与法治（品德与社会）学科核心素养现状调查问卷（学生问卷）

亲爱的同学：

您好！

非常感谢您参与调查。此次问卷调查的目的是了解当前山东省小学道德与法治（品德与社会）学科核心素养的现状，调查结果用于为山东省基础教育改革提供有效信息。请同学们根据自己的实际情况作答，在相应选项前单击○。你的所有资料及信息将被保密，请放心填写。

感谢您的支持！

1. 您的性别是？［单选题］★

○A. 男

○B. 女

2. 今年您是几年级学生？［单选题］★

○A. 一年级

○B. 二年级

○C. 三年级

○D. 四年级

○E. 五年级

○F. 六年级

3. 我通过读书知道我国是有着五千多年历史的文明古国，对世界文明有重大贡献。我为此感到骄傲和自豪。［单选题］★

○A. 从不

○B. 偶尔

○C. 有时

○D. 经常

○E. 总是

4. 我们游览名胜古迹时，要珍爱文物，不能乱刻乱画。［单选题］★

○A. 非常不同意

○B. 不同意

○C. 一般

○D. 同意

○E. 非常同意

5. 我会通过上网、参观等方式来了解人类的文化遗产，尊重不同国家、地区人们的风俗习惯。［单选题］★

○A. 极少

○B. 很少

○C. 一些

○D. 很多

○E. 非常多

6. 我会考虑同学的面子问题而控制自己的语言或行为。［单选题］★

○A. 从不

○B. 偶尔

○C. 有时

○D. 经常

○E. 总是

7. 我们应该关爱老年人、残疾人等弱势人群，尊重他们的人格。[单选题]★

○A. 非常不同意

○B. 不同意

○C. 一般

○D. 同意

○E. 非常同意

8. 我们应该感恩他人对自己的帮助，并主动帮助需要帮助的人。[单选题]★

○A. 非常不同意

○B. 不同意

○C. 一般

○D. 同意

○E. 非常同意

9. 我知道世界上一些国家还处在战乱中，相比之下我感受到祖国的和平与安宁，我热爱和平。[单选题]★

○A. 非常不同意

○B. 不同意

○C. 一般

○D. 同意

○E. 非常同意

10. 我喜欢穿着整齐、大方、干净的校服去学校。[单选题]*

○A. 从不

○B. 偶尔

○C. 有时

○D. 经常

○E. 总是

11. 我们不要轻信和盲从没有确切科学根据的事情，拒绝参与迷信活动。[单选题]*

○A. 非常不同意

○B. 不同意

○C. 一般

○D. 同意

○E. 非常同意

12. 我对道德与法治（品德与社会）学科有积极的学习态度和浓厚的学习兴趣。[单选题]*

○A. 极少

○B. 很少

○C. 一些

○D. 很多

○E. 非常多

13. 遇到问题，我会通过图书、电视、网络等多种途径搜集有关信息，尝试做出科学的分析或说明。[单选题]*

○A. 从不

○B. 偶尔

○C. 有时

〇D. 经常

〇E. 总是

14. 在生活和学习中，我喜欢提问并主动探究问题的答案。［单选题］★

〇A. 从不

〇B. 偶尔

〇C. 有时

〇D. 经常

〇E. 总是

15. 我认为名人、老师、长辈说的话都是正确的、可信的。［单选题］★

〇A. 非常不同意

〇B. 不同意

〇C. 一般

〇D. 同意

〇E. 非常同意

16. 我认为调查研究、参观访问、种植饲养等课外实践活动能让我们学到很多课堂上学不到的东西。［单选题］★

〇A. 非常不同意

〇B. 不同意

〇C. 一般

〇D. 同意

〇E. 非常同意

17. 在学习、生活中，我喜欢探索新的东西，掌握新的知识，愿意尝试用新方法去解决问题。［单选题］★

〇A. 从不

○B. 偶尔

○C. 有时

○D. 经常

○E. 总是

18. 当工具或玩具出现故障时，我会自己想办法修理好。［单选题］*

○A. 从不

○B. 偶尔

○C. 有时

○D. 经常

○E. 总是

19. 我珍惜时间，会制定学习、生活作息时间表，每天早睡早起，养成良好的学习和生活习惯。［单选题］*

○A. 从不

○B. 偶尔

○C. 有时

○D. 经常

○E. 总是

20. 我独立完成学习任务，不抄袭，不作弊。［单选题］*

○A. 非常不同意

○B. 不同意

○C. 一般

○D. 同意

○E. 非常同意

21. 我在学习上主动参与，自主探究，喜欢与小组的同学积极合作。［单选题］★

○A. 从不

○B. 偶尔

○C. 有时

○D. 经常

○E. 总是

22. 我成绩好了不骄傲，偶尔成绩差了也不灰心，能够调整自己的情绪。［单选题］★

○A. 从不

○B. 偶尔

○C. 有时

○D. 经常

○E. 总是

23. 我建立了错题本，及时总结学习中错题的类型和出错原因。［单选题］★

○A. 从不

○B. 偶尔

○C. 有时

○D. 经常

○E. 总是

24. 当父母、老师或同学对我提出批评和建议时，我能虚心接受并改正。［单选题］★

○A. 从不

○B. 偶尔

○C. 有时

○D. 经常

○E. 总是

25. 我认为学生可以把自己喜欢的手机、平板等电子产品带进校园。[单选题]★

○A. 非常不同意

○B. 不同意

○C. 一般

○D. 同意

○E. 非常同意

26. 上网时，我会遵守网络道德、法律规范，保护自己的隐私，做到文明上网。[单选题]★

○A. 从不

○B. 偶尔

○C. 有时

○D. 经常

○E. 总是

27. 迷恋电子游戏严重影响我们的正常生活，是一种不健康的生活方式。[单选题]★

○A. 非常不同意

○B. 不同意

○C. 一般

○D. 同意

○E. 非常同意

28. 每个人的生命都来之不易，我们应该爱护自己的身体和健康。［单选题］★

○A. 非常不同意

○B. 不同意

○C. 一般

○D. 同意

○E. 非常同意

29. 我在生活中会通过合理饮食、积极锻炼、有规律地作息等方式增强体质。［单选题］★

○A. 从不

○B. 偶尔

○C. 有时

○D. 经常

○E. 总是

30. 当我们独自在家时，只要不是自己家人，谁来敲门也不能直接开门。［单选题］★

○A. 非常不同意

○B. 不同意

○C. 一般

○D. 同意

○E. 非常同意

31. 学校的防火安全工作都检查验收合格了，所以我认为没必要搞防火演练了。［单选题］★

○A. 非常不同意

○B. 不同意

○C. 一般

○D. 同意

○E. 非常同意

32. 吸毒是违法行为，我们应该远离毒品，珍爱生命，过积极健康的生活。［单选题］★

○A. 非常不同意

○B. 不同意

○C. 一般

○D. 同意

○E. 非常同意

33. 看书、写作业是爱学习的表现，每次坚持时间越长越好。［单选题］★

○A. 非常不同意

○B. 不同意

○C. 一般

○D. 同意

○E. 非常同意

34. 我们要欣赏同学的优点，包容同学的不足。［单选题］★

○A. 非常不同意

○B. 不同意

○C. 一般

○D. 同意

○E. 非常同意

35. 在学习和生活中，遇到困难我总是先自己想办法解决，实在解决不了的才寻求老师或家长的帮助。［单选题］★

○A. 非常不同意

○B. 不同意

○C. 一般

○D. 同意

○E. 非常同意

36. 如果做错了事情，不管大家知道不知道，我们都应该主动承认并改正错误。［单选题］★

○A. 非常不同意

○B. 不同意

○C. 一般

○D. 同意

○E. 非常同意

37. 我做事认真，有始有终，从不拖拉。［单选题］★

○A. 非常不同意

○B. 不同意

○C. 一般

○D. 同意

○E. 非常同意

38. 作为中华人民共和国的公民，我们要了解自己拥有的基本权利和义务，知道与我们有关的法律法规，学习用法律保护自己。［单选题］★

○A. 非常不同意

○B. 不同意

○C. 一般

○D. 同意

○E. 非常同意

39. 做守法小公民，我们要从遵守活动规则和学校纪律做起，要树立法治意识。［单选题］*

○A. 非常不同意

○B. 不同意

○C. 一般

○D. 同意

○E. 非常同意

40. 不论爸爸妈妈的职业、家庭经济情况怎样，同学之间都要平等相处，真诚相待，互相帮助，友好交往。［单选题］*

○A. 非常不同意

○B. 不同意

○C. 一般

○D. 同意

○E. 非常同意

41. 不管在家还是在学校，我都会主动参加劳动，帮家长、老师和同学做些力所能及的事。［单选题］*

○A. 非常不同意

○B. 不同意

○C. 一般

○D. 同意

○E. 非常同意

42. 我记得爸爸妈妈的生日，会在他们生日的时候用自己的方式表达对爸爸妈妈的爱。［单选题］★

○A. 从不

○B. 偶尔

○C. 有时

○D. 经常

○E. 总是

43. 在商场、饭店、车站等公共场所，我会讲文明懂礼貌，遵守公共秩序，注意公共安全。［单选题］★

○A. 从不

○B. 偶尔

○C. 有时

○D. 经常

○E. 总是

44. 我愿意参加学校组织的捐赠、环保等公益活动，为社会、为他人做些力所能及的事情。［单选题］★

○A. 非常不同意

○B. 不同意

○C. 一般

○D. 同意

○E. 非常同意

45. 我通过了解近代中国遭受列强侵略的历史，认识到一个国家保守落后就会挨打，改革创新才能繁荣富强。［单选题］★

○A. 非常不同意

○B. 不同意

○C. 一般

○D. 同意

○E. 非常同意

46. 我们不在烈士陵园、大屠杀纪念馆等场所嬉笑打闹，是对先烈和历史的尊重。[单选题]*

○A. 非常不同意

○B. 不同意

○C. 一般

○D. 同意

○E. 非常同意

47. 我积极参加学校和班级组织的经典诵读等传统文化活动。[单选题]*

○A. 从不

○B. 偶尔

○C. 有时

○D. 经常

○E. 总是

48. 知道学校里有汉族以外的其他民族同学，我会尊重他们的习俗，和他们平等相处，团结友爱。[单选题]*

○A. 非常不同意

○B. 不同意

○C. 一般

○D. 同意

○E. 非常同意

49. 随着人类社会的发展和进步，世界各国的人民越来越需要加强交流合作，共同面对环境恶化、世界和平等问题。［单选题］★

○A. 非常不同意

○B. 不同意

○C. 一般

○D. 同意

○E. 非常同意

50. 我尊重社会各行各业的劳动者，感谢他们的付出给人们生活带来的便利，珍惜他们的劳动成果。［单选题］★

○A. 从不

○B. 偶尔

○C. 有时

○D. 经常

○E. 总是

51. 我们家不缺钱，没必要实行“光盘行动”。［单选题］★

○A. 非常不同意

○B. 不同意

○C. 一般

○D. 同意

○E. 非常同意

52. 在参加劳动或社会实践的过程中，我会有意识地关注进程，调整方式，争取提前完成任务。［单选题］★

○A. 从不

○B. 偶尔

○C. 有时

〇D. 经常

〇E. 总是

53. 我知道地震发生时的自护、自救知识。［单选题］★

〇A. 极少

〇B. 很少

〇C. 一些

〇D. 很多

〇E. 非常多

54. 我会利用身边的材料（包括废旧物品）制作小玩具、小物品、小模型等物品丰富生活。［单选题］★

〇A. 从不

〇B. 偶尔

〇C. 有时

〇D. 经常

〇E. 总是

55. 我们的生活离不开科学、网络信息、人工智能等，科学技术的进步促进了国家的发展、人类的进步。［单选题］★

〇A. 非常不同意

〇B. 不同意

〇C. 一般

〇D. 同意

〇E. 非常同意

再次感谢您的参与！

山东省小学道德与法治（品德与社会）学科核心素养现状调查问卷（教师问卷）

尊敬的老师：

您好！

非常感谢您抽出宝贵的时间参与调查。此次问卷调查的目的是了解当前山东省小学道德与法治（品德与社会）学科核心素养的现状，调查结果用于为山东省基础教育改革提供有效信息。请老师根据自己的实际情况完成问卷，您的所有资料及信息将被保密，不会对您个人及学校有任何不良影响，请放心填写。

感谢您的支持！

1. 您的性别是？［单选题］*

○A. 男

○B. 女

2. 您这学期教几年级？［单选题］*

○A. 一年级

○B. 二年级

○C. 三年级

○D. 四年级

○E. 五年级

○F. 六年级

3. 您的职称是？［单选题］★

○A. 试用期

○B. 初级

○C. 二级

○D. 一级

○E. 高级

4. 您的教龄是？［单选题］★

○A. 0～3年（含3年整）

○B. 4～10年（含10年整）

○C. 11～20年（含20年整）

○D. 大于20年

5. 除了道德与法治（品德与社会）学科，您还担任哪些学科的教学工作？（如果您是专职教师，请您选G）［多选题］★

○A. 语文

○B. 数学

○C. 英语

○D. 科学

○E. 心理健康

○F. 其他学科

○G. 道德与法治（品德与社会）

（提示：根据自己的实际情况填写，多科都教就多选，否则选其一。）

6. 我引导学生通过阅读了解中国是具有五千年悠久历史文化的文明古国。［单选题］★

○A. 从不

○B. 偶尔

○C. 有时

○D. 经常

○E. 总是

7. 我要求学生多了解人类文化遗产，激发学生对世界历史文化的兴趣。［单选题］★

○A. 从不

○B. 偶尔

○C. 有时

○D. 经常

○E. 总是

8. 我们学校每学期都组织学生游览本地的名胜古迹。［单选题］★

○A. 从不

○B. 偶尔

○C. 有时

○D. 经常

○E. 总是

9. 老师不能讽刺、挖苦、体罚学生，要保护他们的自尊心。［单选题］★

○A. 非常不同意

○B. 不同意

○C. 一般

○D. 同意

○E. 非常同意

10. 我引导学生关怀老年人和残疾人等弱势群体，对弱势群体有同情心和爱

心。[单选题]★

○A. 从不

○B. 偶尔

○C. 有时

○D. 经常

○E. 总是

11. 我对学生进行珍爱和平的教育，让学生热爱和平。[单选题]★

○A. 从不

○B. 偶尔

○C. 有时

○D. 经常

○E. 总是

12. 我注意从日常穿衣打扮等方面引导学生形成健康的审美价值取向。[单选题]★

○A. 从不

○B. 偶尔

○C. 有时

○D. 经常

○E. 总是

13. 我注重培养学生的真才实学，让学生掌握科学原理和方法，尊重客观事实。[单选题]★

○A. 从不

○B. 偶尔

○C. 有时

○D. 经常

○E. 总是

14. 我平时积极引导学生尝试运用所学知识去解决实际生活中的问题。［单选题］★

○A. 从不

○B. 偶尔

○C. 有时

○D. 经常

○E. 总是

15. 我鼓励学生在活动期间大胆质疑，并逐步形成探究意识和创新精神，从而完善和改进自己的认知和态度。［单选题］★

○A. 从不

○B. 偶尔

○C. 有时

○D. 经常

○E. 总是

16. 我有意识地指导学生不轻信他人传言和不实信息。［单选题］★

○A. 从不

○B. 偶尔

○C. 有时

○D. 经常

○E. 总是

17. 平时教学中，我会有意识地引导学生尝试完成有一定难度的任务或活动，培养学生的意志力和创新精神。［单选题］★

○A. 从不

○B. 偶尔

○C. 有时

○D. 经常

○E. 总是

18. 教学中，我注意激发学生的好奇心和兴趣，带动学生自己动手、动脑，学会创造。［单选题］*

○A. 从不

○B. 偶尔

○C. 有时

○D. 经常

○E. 总是

19. 我在工作之余坚持看专业书籍，不断提升自己的专业水平。［单选题］*

○A. 从不

○B. 偶尔

○C. 有时

○D. 经常

○E. 总是

20. 我注重引导学生用多种方式进行学习和探究，从而获得丰富的知识和经验。［单选题］*

○A. 从不

○B. 偶尔

○C. 有时

○D. 经常

○E. 总是

21. 我注重引导学生在学习过程中主动参与，积极合作。［单选题］*

○A. 从不

○B. 偶尔

○C. 有时

○D. 经常

○E. 总是

22. 我会引导学生正确对待自己的学习成绩。［单选题］*

○A. 从不

○B. 偶尔

○C. 有时

○D. 经常

○E. 总是

23. 我会对自己的教学工作进行总结和反思。［单选题］*

○A. 从不

○B. 偶尔

○C. 有时

○D. 经常

○E. 总是

24. 我帮助学生建立错题本，及时总结出错原因。［单选题］*

○A. 从不

○B. 偶尔

○C. 有时

○D. 经常

○E. 总是

25. 我注重引导学生观察生活中的自然现象。[单选题]★

○A. 从不

○B. 偶尔

○C. 有时

○D. 经常

○E. 总是

26. 我会鼓励学生通过图书、电视、网络等多种途径搜集所需要的资料。[单选题]★

○A. 从不

○B. 偶尔

○C. 有时

○D. 经常

○E. 总是

27. 我有意识地引导学生分辨信息好坏，遵守网络道德基本规范。[单选题]★

○A. 从不

○B. 偶尔

○C. 有时

○D. 经常

○E. 总是

28. 我会通过生活实例引导学生认识到网络带给学生的诱惑，了解网络陷阱的存在，使学生不沉迷于网络。[单选题]★

○A. 从不

○B. 偶尔

○C. 有时

○D. 经常

○E. 总是

29. 在教学中，我会引导学生知道自己的生命来之不易，充分认识和理解人生的意义和生命的价值。［单选题］*

○A. 从不

○B. 偶尔

○C. 有时

○D. 经常

○E. 总是

30. 我会要求学生每天按时睡觉、起床，养成健康良好的生活和行为习惯。［单选题］*

○A. 从不

○B. 偶尔

○C. 有时

○D. 经常

○E. 总是

31. 我会教育学生增强安全意识和提高自我保护能力，陌生人问路时要做到礼貌地指路而不带路。［单选题］*

○A. 从不

○B. 偶尔

○C. 有时

○D. 经常

○E. 总是

32. 在教学中，我会利用生活和网络资源教育学生远离毒品，珍爱生命，过

积极健康的生活。［单选题］★

○A. 从不

○B. 偶尔

○C. 有时

○D. 经常

○E. 总是

33. 您上课迟到过吗？［单选题］★

○A. 从不

○B. 偶尔

○C. 有时

○D. 经常

○E. 总是

34. 我一直重视引导学生自尊、自爱，经常反思自己的生活和行为。［单选题］★

○A. 从不

○B. 偶尔

○C. 有时

○D. 经常

○E. 总是

35. 我会利用学生遇到的一些小挫折引导学生增强抗挫折能力，树立应对挫折的信心和勇气。［单选题］★

○A. 从不

○B. 偶尔

○C. 有时

○D. 经常

○E. 总是

36. 我会联系自己的经验和专业知识，引导学生管理自己的情绪。[单选题]★

○A. 从不

○B. 偶尔

○C. 有时

○D. 经常

○E. 总是

37. 我在教学中注意引导学生发现和认识自己的特长和潜质。[单选题]★

○A. 从不

○B. 偶尔

○C. 有时

○D. 经常

○E. 总是

38. 我引导学生要珍惜时间，学会合理地安排时间，养成良好的学习习惯。[单选题]★

○A. 从不

○B. 偶尔

○C. 有时

○D. 经常

○E. 总是

39. 在教学中，我注重引导学生树立自己的小目标，并努力去实现。[单选题]★

○A. 从不

○B. 偶尔

○C. 有时

○D. 经常

○E. 总是

40. 我注重培养学生做事认真负责、有始有终、不拖拉的良好习惯。[单选题]★

○A. 从不

○B. 偶尔

○C. 有时

○D. 经常

○E. 总是

41. 对于不遵守规则的学生，我会动之以情，晓之以理，引导学生逐步养成遵守规则的习惯。[单选题]★

○A. 从不

○B. 偶尔

○C. 有时

○D. 经常

○E. 总是

42. 我利用适当时机通过多种形式对学生进行感恩教育，教育学生主动关心和照顾父母。[单选题]★

○A. 从不

○B. 偶尔

○C. 有时

○D. 经常

○E. 总是

43. 我会在教学中培养学生的团体意识，引导学生与同学平等相处，真诚相待，互相帮助，友好交往。［单选题］★

○A. 从不

○B. 偶尔

○C. 有时

○D. 经常

○E. 总是

44. 我注重培养学生爱护班级和学校的公共设施，注意公共安全。［单选题］★

○A. 从不

○B. 偶尔

○C. 有时

○D. 经常

○E. 总是

45. 我们学校每学期都组织爱护环境、珍惜资源等公益活动。［单选题］★

○A. 从不

○B. 偶尔

○C. 有时

○D. 经常

○E. 总是

46. 我们学校会组织丰富多彩的活动，培养学生在家庭、学校和社会生活中的责任担当意识。［单选题］★

○A. 从不

○B. 偶尔

○C. 有时

○D. 经常

○E. 总是

47. 结合我国的历史，我引导学生了解中华民族的抗争史，树立奋发图强的爱国志向。［单选题］*

○A. 从不

○B. 偶尔

○C. 有时

○D. 经常

○E. 总是

48. 我们学校重视传统文化教育，经常组织相关的活动，引导学生热爱祖国优秀传统文化。［单选题］*

○A. 从不

○B. 偶尔

○C. 有时

○D. 经常

○E. 总是

49. 我会对学生进行社会主义核心价值观教育。［单选题］*

○A. 从不

○B. 偶尔

○C. 有时

○D. 经常

○E. 总是

50. 我会有意识地引导学生关注全球环境恶化、世界和平等问题，初步形成

世界意识。［单选题］★

○A. 从不

○B. 偶尔

○C. 有时

○D. 经常

○E. 总是

51. 我引导学生尊重文化的多样性，懂得不同民族、国家和地区有不同的生活方式和风俗习惯。［单选题］★

○A. 从不

○B. 偶尔

○C. 有时

○D. 经常

○E. 总是

52. 我培养学生珍惜劳动者给我们的生活带来的便利，尊重社会各行各业的劳动者。［单选题］★

○A. 从不

○B. 偶尔

○C. 有时

○D. 经常

○E. 总是

53. 我鼓励学生积极参加学校、家庭、社区等组织的劳动。［单选题］★

○A. 从不

○B. 偶尔

○C. 有时

○D. 经常

○E. 总是

54. 我建议学生在活动前制订计划并根据实际情况进行调整。［单选题］*

○A. 从不

○B. 偶尔

○C. 有时

○D. 经常

○E. 总是

55. 对学生提出的问题和困惑，我引导他们提出自己的看法并自行寻找解决的办法。［单选题］*

○A. 从不

○B. 偶尔

○C. 有时

○D. 经常

○E. 总是

56. 我给学生讲解和演习生活中可能遇到的紧急情况及应对方法。［单选题］*

○A. 从不

○B. 偶尔

○C. 有时

○D. 经常

○E. 总是

57. 我会把生活中出现的新的科技产品介绍给学生或应用于课堂教学。［单选题］*

○A. 从不

○B. 偶尔

○C. 有时

○D. 经常

○E. 总是

58. 我鼓励学生利用身边的材料自制小玩具、小礼物，用来美化生活环境。［单选题］★

○A. 从不

○B. 偶尔

○C. 有时

○D. 经常

○E. 总是

59. 我鼓励学生将生活中的废弃物分类回收并重复利用。［单选题］★

○A. 从不

○B. 偶尔

○C. 有时

○D. 经常

○E. 总是

60. 您是山东省哪一个市的老师？［填空题］★

____

［提示：具体到市、区（或县）］

再次感谢您的参与！

山东省小学道德与法治（品德与社会）学科核心素养现状调查问卷（学生问卷统计）

1. 您的性别是？［单选题］

选项	小计	比例
A. 男	104197	51.57%
B. 女	97853	48.43%
本题有效填写人次	202050	—

2. 今年您是几年级学生？［单选题］

选项	小计	比例
A. 一年级	36095	17.87%
B. 二年级	34478	17.06%
C. 三年级	34299	16.98%
D. 四年级	34753	17.20%
E. 五年级	35973	17.80%
F. 六年级	26452	13.09%
本题有效填写人次	202050	—

3. 我通过读书知道我国是有着五千多年历史的文明古国，对世界文明有重大贡献。我为此感到骄傲和自豪。［单选题］

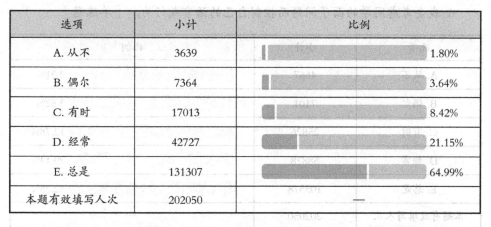

选项	小计	比例
A. 从不	3639	1.80%
B. 偶尔	7364	3.64%
C. 有时	17013	8.42%
D. 经常	42727	21.15%
E. 总是	131307	64.99%
本题有效填写人次	202050	—

4. 我们游览名胜古迹时，要珍爱文物，不能乱刻乱画。［单选题］

选项	小计	比例
A. 非常不同意	3859	1.91%
B. 不同意	889	0.44%
C. 一般	1544	0.77%
D. 同意	21966	10.87%
E. 非常同意	173792	86.01%
本题有效填写人次	202050	—

5. 我会通过上网、参观等方式来了解人类的文化遗产，尊重不同国家、地区人们的风俗习惯。［单选题］

选项	小计	比例
A. 极少	5948	2.94%
B. 很少	11640	5.76%
C. 一些	46061	22.80%
D. 很多	50084	24.79%
E. 非常多	88317	43.71%
本题有效填写人次	202050	—

6. 我会考虑同学的面子问题而控制自己的语言或行为。[单选题]

选项	小计	比例
A. 从不	4667	2.31%
B. 偶尔	7101	3.52%
C. 有时	25826	12.78%
D. 经常	58878	29.14%
E. 总是	105578	52.25%
本题有效填写人次	202050	—

7. 我们应该关爱老年人、残疾人等弱势人群，尊重他们的人格。[单选题]

选项	小计	比例
A. 非常不同意	1384	0.69%
B. 不同意	696	0.34%
C. 一般	1784	0.88%
D. 同意	24177	11.97%
E. 非常同意	174009	86.12%
本题有效填写人次	202050	—

8. 我们应该感恩他人对自己的帮助，并主动帮助需要帮助的人。[单选题]

选项	小计	比例
A. 非常不同意	1241	0.61%
B. 不同意	622	0.31%
C. 一般	1791	0.89%
D. 同意	26273	13.00%
E. 非常同意	172123	85.19%
本题有效填写人次	202050	—

9. 我知道世界上一些国家还处在战乱中，相比之下我感受到祖国的和平与安宁，我热爱和平。［单选题］

选项	小计	比例
A. 非常不同意	1561	0.77%
B. 不同意	1041	0.52%
C. 一般	3012	1.49%
D. 同意	30367	15.03%
E. 非常同意	166069	82.19%
本题有效填写人次	202050	—

10. 我喜欢穿着整齐、大方、干净的校服去学校。［单选题］

选项	小计	比例
A. 从不	1438	0.71%
B. 偶尔	2313	1.14%
C. 有时	7469	3.70%
D. 经常	36161	17.90%
E. 总是	154669	76.55%
本题有效填写人次	202050	—

11. 我们不要轻信和盲从没有确切科学根据的事情，拒绝参与迷信活动。［单选题］

选项	小计	比例
A. 非常不同意	2569	1.27%
B. 不同意	1804	0.89%
C. 一般	3853	1.91%
D. 同意	31070	15.38%

续 表

选项	小计	比例
E. 非常同意	162754	80.55%
本题有效填写人次	202050	—

12. 我对道德与法治（品德与社会）学科有积极的学习态度和浓厚的学习兴趣。[单选题]

选项	小计	比例
A. 极少	1131	0.56%
B. 很少	2154	1.07%
C. 一些	16515	8.17%
D. 很多	52033	25.75%
E. 非常多	130217	64.45%
本题有效填写人次	202050	—

13. 遇到问题，我会通过图书、电视、网络等多种途径搜集有关信息，尝试做出科学的分析或说明。[单选题]

选项	小计	比例
A. 从不	1685	0.83%
B. 偶尔	7167	3.55%
C. 有时	25026	12.39%
D. 经常	57320	28.37%
E. 总是	110852	54.86%
本题有效填写人次	202050	—

14. 在生活和学习中，我喜欢提问并主动探究问题的答案。［单选题］

选项	小计	比例
A. 从不	1223	0.60%
B. 偶尔	6251	3.09%
C. 有时	22482	11.13%
D. 经常	60869	30.13%
E. 总是	111225	55.05%
本题有效填写人次	202050	—

15. 我认为名人、老师、长辈说的话都是正确的、可信的。［单选题］

选项	小计	比例
A. 非常不同意	4281	2.12%
B. 不同意	15940	7.89%
C. 一般	28171	13.94%
D. 同意	72046	35.66%
E. 非常同意	81612	40.39%
本题有效填写人次	202050	—

16. 我认为调查研究、参观访问、种植饲养等课外实践活动能让我们学到很多课堂上学不到的东西。［单选题］

选项	小计	比例
A. 非常不同意	1683	0.83%
B. 不同意	1393	0.69%
C. 一般	4705	2.33%
D. 同意	51339	25.41%
E. 非常同意	142930	70.74%
本题有效填写人次	202050	—

17. 在学习、生活中，我喜欢探索新的东西，掌握新的知识，愿意尝试用新方法去解决问题。［单选题］

选项	小计	比例
A. 从不	898	0.44%
B. 偶尔	3870	1.91%
C. 有时	20762	10.28%
D. 经常	61763	30.57%
E. 总是	114757	56.80%
本题有效填写人次	202050	

18. 当工具或玩具出现故障时，我会自己想办法修理好。［单选题］

选项	小计	比例
A. 从不	3244	1.61%
B. 偶尔	10227	5.06%
C. 有时	38572	19.09%
D. 经常	62045	30.71%
E. 总是	87962	43.53%
本题有效填写人次	202050	—

19. 我珍惜时间，会制定学习、生活作息时间表，每天早睡早起，养成良好的学习和生活习惯。［单选题］

选项	小计	比例
A. 从不	1164	0.58%
B. 偶尔	4169	2.06%
C. 有时	15159	7.50%
D. 经常	56852	28.14%

续表

选项	小计	比例
E. 总是	124706	61.72%
本题有效填写人次	202050	—

20. 我独立完成学习任务，不抄袭，不作弊。［单选题］

选项	小计	比例
A. 非常不同意	912	0.45%
B. 不同意	785	0.39%
C. 一般	3880	1.92%
D. 同意	35933	17.78%
E. 非常同意	160540	79.46%
本题有效填写人次	202050	—

21. 我在学习上主动参与，自主探究，喜欢与小组的同学积极合作。［单选题］

选项	小计	比例
A. 从不	929	0.46%
B. 偶尔	3253	1.61%
C. 有时	13322	6.59%
D. 经常	56569	28.00%
E. 总是	127977	63.34%
本题有效填写人次	202050	—

22. 我成绩好了不骄傲，偶尔成绩差了也不灰心，能够调整自己的情绪。［单选题］

选项	小计	比例
A. 从不	1471	0.73%
B. 偶尔	3073	1.52%
C. 有时	14487	7.17%
D. 经常	54276	26.86%
E. 总是	128743	63.72%
本题有效填写人次	202050	—

23. 我建立了错题本，及时总结学习中错题类型和出错原因。［单选题］

选项	小计	比例
A. 从不	3613	1.79%
B. 偶尔	9346	4.63%
C. 有时	27461	13.59%
D. 经常	52864	26.16%
E. 总是	108766	53.83%
本题有效填写人次	202050	—

24. 当父母、老师或同学对我提出批评和建议时，我能虚心接受并改正。［单选题］

选项	小计	比例
A. 从不	1105	0.55%
B. 偶尔	2839	1.40%
C. 有时	12269	6.07%
D. 经常	50222	24.86%

续表

选项	小计	比例
E. 总是	135615	67.12%
本题有效填写人次	202050	—

25. 我认为学生可以把自己喜欢的手机、平板等电子产品带进校园。［单选题］

选项	小计	比例
A. 非常不同意	133989	66.32%
B. 不同意	36366	18.00%
C. 一般	4304	2.13%
D. 同意	5261	2.60%
E. 非常同意	22130	10.95%
本题有效填写人次	202050	—

26. 上网时，我会遵守网络道德、法律规范，保护自己的隐私，做到文明上网。［单选题］

选项	小计	比例
A. 从不	4061	2.01%
B. 偶尔	3828	1.89%
C. 有时	8887	4.40%
D. 经常	36563	18.10%
E. 总是	148711	73.60%
本题有效填写人次	202050	—

27. 迷恋电子游戏严重影响我们的正常生活，是一种不健康的生活方式。［单选题］

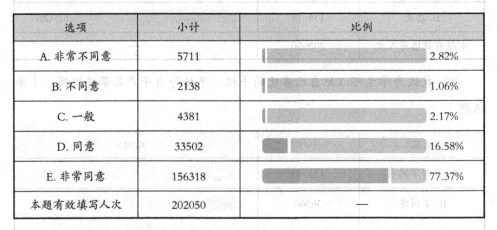

选项	小计	比例
A. 非常不同意	5711	2.82%
B. 不同意	2138	1.06%
C. 一般	4381	2.17%
D. 同意	33502	16.58%
E. 非常同意	156318	77.37%
本题有效填写人次	202050	—

28. 每个人的生命都来之不易，我们应该爱护自己的身体和健康。［单选题］

选项	小计	比例
A. 非常不同意	1193	0.59%
B. 不同意	835	0.41%
C. 一般	2055	1.02%
D. 同意	25561	12.65%
E. 非常同意	172406	85.33%
本题有效填写人次	202050	—

29. 我在生活中会通过合理饮食、积极锻炼、有规律地作息等方式增强体质。［单选题］

选项	小计	比例
A. 从不	975	0.49%
B. 偶尔	2412	1.19%
C. 有时	10469	5.18%
D. 经常	49037	24.27%

续表

选项	小计	比例
E. 总是	139157	68.87%
本题有效填写人次	202050	—

30. 当我们独自在家时，只要不是自己家人，谁来敲门也不能直接开门。［单选题］

选项	小计	比例
A. 非常不同意	3064	1.52%
B. 不同意	2249	1.11%
C. 一般	4113	2.04%
D. 同意	34373	17.01%
E. 非常同意	158251	78.32%
本题有效填写人次	202050	—

31. 学校的防火安全工作都检查验收合格了，所以我认为没必要搞防火演练了。［单选题］

选项	小计	比例
A. 非常不同意	123516	61.13%
B. 不同意	41129	20.35%
C. 一般	2886	1.43%
D. 同意	7413	3.67%
E. 非常同意	27106	13.42%
本题有效填写人次	202050	—

32. 吸毒是违法行为，我们应该远离毒品，珍爱生命，过积极健康的生活。[单选题]

选项	小计	比例
A. 非常不同意	1620	0.8%
B. 不同意	898	0.45%
C. 一般	1937	0.96%
D. 同意	23944	11.85%
E. 非常同意	173651	85.94%
本题有效填写人次	202050	—

33. 看书、写作业是爱学习的表现，每次坚持时间越长越好。[单选题]

选项	小计	比例
A. 非常不同意	15500	7.67%
B. 不同意	44615	22.08%
C. 一般	25052	12.4%
D. 同意	40812	20.20%
E. 非常同意	76071	37.65%
本题有效填写人次	202050	—

34. 我们要欣赏同学的优点，包容同学的不足。[单选题]

选项	小计	比例
A. 非常不同意	1478	0.73%
B. 不同意	1623	0.80%
C. 一般	4222	2.09%
D. 同意	50851	25.17%
E. 非常同意	143876	71.21%
本题有效填写人次	202050	—

35. 在学习和生活中，遇到困难我总是先自己想办法解决，实在解决不了的才寻求老师或家长的帮助。［单选题］

选项	小计	比例
A. 非常不同意	1263	0.63%
B. 不同意	1500	0.74%
C. 一般	5665	2.80%
D. 同意	59929	29.66%
E. 非常同意	133693	66.17%
本题有效填写人次	202050	—

36. 如果做错了事情，不管大家知道不知道，我们都应该主动承认并改正错误。［单选题］

选项	小计	比例
A. 非常不同意	1000	0.49%
B. 不同意	1002	0.50%
C. 一般	3200	1.59%
D. 同意	47972	23.74%
E. 非常同意	148876	73.68%
本题有效填写人次	202050	—

37. 我做事认真，有始有终，从不拖拉。［单选题］

选项	小计	比例
A. 非常不同意	849	0.42%
B. 不同意	1030	0.51%
C. 一般	16502	8.17%
D. 同意	57911	28.66%

续 表

选项	小计	比例
E. 非常同意	125758	62.24%
本题有效填写人次	202050	—

38. 作为中华人民共和国的公民，我们要了解自己拥有的基本权利和义务，知道与我们有关的法律法规，学习用法律保护自己。［单选题］

选项	小计	比例
A. 非常不同意	873	0.43%
B. 不同意	826	0.41%
C. 一般	2842	1.41%
D. 同意	40883	20.23%
E. 非常同意	156626	77.52%
本题有效填写人次	202050	—

39. 做守法小公民，我们要从遵守活动规则和学校纪律做起，要树立法治意识。［单选题］

选项	小计	比例
A. 非常不同意	764	0.38%
B. 不同意	815	0.4%
C. 一般	2534	1.26%
D. 同意	41037	20.31%
E. 非常同意	156900	77.65%
本题有效填写人次	202050	—

40. 不论爸爸妈妈的职业、家庭经济情况怎样，同学之间都要平等相处，真诚相待，互相帮助，友好交往。［单选题］

选项	小计	比例
A. 非常不同意	779	0.38%
B. 不同意	792	0.39%
C. 一般	2238	1.11%
D. 同意	35538	17.59%
E. 非常同意	162703	80.53%
本题有效填写人次	202050	—

41. 不管在家还是在学校，我都会主动参加劳动，帮家长、老师和同学做些力所能及的事。［单选题］

选项	小计	比例
A. 非常不同意	741	0.37%
B. 不同意	772	0.38%
C. 一般	4349	2.15%
D. 同意	45016	22.28%
E. 非常同意	151172	74.82%
本题有效填写人次	202050	—

42. 我记得爸爸妈妈的生日，会在他们生日的时候用自己的方式表达对爸爸妈妈的爱。［单选题］

选项	小计	比例
A. 从不	1570	0.78%
B. 偶尔	5310	2.63%
C. 有时	19929	9.86%

续 表

选项	小计	比例
D. 经常	45874	22.7%
E. 总是	129367	64.03%
本题有效填写人次	202050	—

43. 在商场、饭店、车站等公共场所，我会讲文明懂礼貌，遵守公共秩序，注意公共安全。［单选题］

选项	小计	比例
A. 从不	711	0.35%
B. 偶尔	1314	0.65%
C. 有时	4881	2.42%
D. 经常	38838	19.22%
E. 总是	156306	77.36%
本题有效填写人次	202050	—

44. 我愿意参加学校组织的捐赠、环保等公益活动，为社会、为他人做些力所能及的事情。［单选题］

选项	小计	比例
A. 非常不同意	692	0.34%
B. 不同意	791	0.39%
C. 一般	4106	2.04%
D. 同意	46532	23.03%
E. 非常同意	149929	74.20%
本题有效填写人次	202050	—

45. 我通过了解近代中国遭受列强侵略的历史，认识到一个国家保守落后就

会挨打，改革创新才能繁荣富强。［单选题］

选项	小计	比例
A. 非常不同意	1364	0.67%
B. 不同意	1568	0.78%
C. 一般	5336	2.64%
D. 同意	45770	22.65%
E. 非常同意	148012	73.26%
本题有效填写人次	202050	—

46. 我们不在烈士陵园、大屠杀纪念馆等场所嬉笑打闹，是对先烈和历史的尊重。［单选题］

选项	小计	比例
A. 非常不同意	6694	3.31%
B. 不同意	2294	1.14%
C. 一般	2786	1.38%
D. 同意	35420	17.53%
E. 非常同意	154856	76.64%
本题有效填写人次	202050	—

47. 我积极参加学校和班级组织的经典诵读等传统文化活动。［单选题］

选项	小计	比例
A. 从不	1925	0.95%
B. 偶尔	6189	3.06%
C. 有时	21852	10.82%
D. 经常	52296	25.88%

续表

选项	小计	比例
E. 总是	119788	59.29%
本题有效填写人次	202050	—

48. 知道学校里有汉族以外的其他民族同学，我会尊重他们的习俗，和他们平等相处，团结友爱。［单选题］

选项	小计	比例
A. 非常不同意	738	0.37%
B. 不同意	826	0.41%
C. 一般	2717	1.34%
D. 同意	42029	20.80%
E. 非常同意	155740	77.08%
本题有效填写人次	202050	—

49. 随着人类社会的发展和进步，世界各国的人民越来越需要加强交流合作，共同面对环境恶化、世界和平等问题。［单选题］

选项	小计	比例
A. 非常不同意	969	0.48%
B. 不同意	934	0.46%
C. 一般	3370	1.67%
D. 同意	45393	22.47%
E. 非常同意	151384	74.92%
本题有效填写人次	202050	—

50. 我尊重社会各行各业的劳动者，感谢他们的付出给人们生活带来的便利，珍惜他们的劳动成果。［单选题］

选项	小计	比例
A. 从不	753	0.37%
B. 偶尔	1444	0.71%
C. 有时	5590	2.77%
D. 经常	37370	18.50%
E. 总是	156893	77.65%
本题有效填写人次	202050	—

51. 我们家不缺钱，没必要实行“光盘行动”。［单选题］

选项	小计	比例
A. 非常不同意	131749	65.21%
B. 不同意	36055	17.84%
C. 一般	4746	2.35%
D. 同意	6740	3.34%
E. 非常同意	22760	11.26%
本题有效填写人次	202050	—

52. 在参加劳动或社会实践的过程中，我会有意识地关注进程，调整方式，争取提前完成任务。［单选题］

选项	小计	比例
A. 从不	1367	0.68%
B. 偶尔	3557	1.76%
C. 有时	18109	8.96%
D. 经常	57386	28.40%

续表

选项	小计	比例
E. 总是	121631	60.20%
本题有效填写人次	202050	—

53. 我知道地震发生时的自护、自救知识。［单选题］

选项	小计	比例
A. 极少	1783	0.88%
B. 很少	4338	2.15%
C. 一些	39711	19.65%
D. 很多	56052	27.74%
E. 非常多	100166	49.58%
本题有效填写人次	202050	

54. 我会利用身边的材料（包括废旧物品）制作小玩具、小物品、小模型等小物品丰富生活。［单选题］

选项	小计	比例
A. 从不	2594	1.28%
B. 偶尔	11970	5.93%
C. 有时	38014	18.81%
D. 经常	56065	27.75%
E. 总是	93407	46.23%
本题有效填写人次	202050	—

55. 我们的生活离不开科学、网络信息、人工智能等，科学技术的进步促进了国家的发展、人类的进步。［单选题］

选项	小计	比例
A. 非常不同意	1100	0.54%
B. 不同意	1032	0.51%
C. 一般	4011	1.99%
D. 同意	46218	22.87%
E. 非常同意	149689	74.09%
本题有效填写人次	202050	—

山东省小学道德与法治（品德与社会）学科核心素养现状调查问卷（教师问卷统计）

1. 您的性别是？［单选题］

选项	小计	比例
A. 男	4913	24.91%
B. 女	14812	75.09%
本题有效填写人次	19725	—

2. 这学期您教几年级？［单选题］

选项	小计	比例
A. 一年级	3493	17.71%
B. 二年级	3466	17.57%
C. 三年级	3637	18.44%
D. 四年级	3324	16.85%
E. 五年级	3164	16.04%
F. 六年级	2641	13.39%
本题有效填写人次	19725	—

3. 您的职称是？［单选题］

选项	小计	比例
A. 试用期	2665	13.51%

续表

选项	小计	比例
B. 初级	2330	11.81%
C. 二级	6364	32.27%
D. 一级	6788	34.41%
E. 高级	1578	8.00%
本题有效填写人次	19725	—

4. 您的教龄是？［单选题］

选项	小计	比例
A. 0～3年（含3年整）	4680	23.72%
B. 3～10年（含10年整）	3779	19.16%
C. 10～20年（含20年整）	3587	18.19%
D. 大于20年	7679	38.93%
本题有效填写人次	19725	—

5. 除了教道德与法治（品德与社会）学科，您还担任哪些学科的教学工作？（如果您是专职教师，请您选G）［多选题］

选项	小计	比例
A. 语文	11263	57.10%
B. 数学	4549	23.06%
C. 英语	1311	6.65%
D. 科学	2172	11.01%
E. 心理健康	1167	5.92%
F. 其他学科	7205	36.53%
G. 道德与法治	985	4.99%
本题有效填写人次	19725	—

6. 我引导学生通过阅读了解中国是具有五千年悠久历史文化的文明古国。［单选题］

选项	小计	比例
A. 从不	105	0.53%
B. 偶尔	1315	6.67%
C. 有时	3464	17.56%
D. 经常	9235	46.82%
E. 总是	5606	28.42%
本题有效填写人次	19725	—

7. 我要求学生多了解人类文化遗产，激发学生对世界历史文化的兴趣。［单选题］

选项	小计	比例
A. 从不	131	0.67%
B. 偶尔	1424	7.22%
C. 有时	3643	18.47%
D. 经常	8747	44.34%
E. 总是	5780	29.30%
本题有效填写人次	19725	—

8. 我们学校每学期都组织学生游览本地的名胜古迹。［单选题］

选项	小计	比例
A. 从不	4552	23.08%
B. 偶尔	4126	20.92%
C. 有时	4699	23.82%
D. 经常	3654	18.52%

续表

选项	小计	比例
E. 总是	2694	13.66%
本题有效填写人次	19725	

9. 老师不能讽刺、挖苦、体罚学生，要保护他们的自尊心。[单选题]

选项	小计	比例
A. 非常不同意	555	2.82%
B. 不同意	97	0.49%
C. 一般	387	1.96%
D. 同意	4687	23.76%
E. 非常同意	13999	70.97%
本题有效填写人次	19725	—

10. 我引导学生关怀老年人和残疾人等弱势群体，对弱势群体有同情心和爱心。[单选题]

选项	小计	比例
A. 从不	33	0.17%
B. 偶尔	168	0.85%
C. 有时	831	4.21%
D. 经常	6707	34.00%
E. 总是	11986	60.77%
本题有效填写人次	19725	—

11. 我对学生进行珍爱和平的教育，让学生热爱和平。[单选题]

选项	小计	比例
A. 从不	22	0.11%

续表

选项	小计	比例
B. 偶尔	242	1.23%
C. 有时	1176	5.96%
D. 经常	6477	32.84%
E. 总是	11808	59.86%
本题有效填写人次	19725	—

12. 我注意从日常穿衣打扮等方面引导学生形成健康的审美价值取向。［单选题］

选项	小计	比例
A. 从不	239	1.21%
B. 偶尔	523	2.65%
C. 有时	1779	9.02%
D. 经常	6731	34.13%
E. 总是	10453	52.99%
本题有效填写人次	19725	—

13. 我注重培养学生的真才实学，让学生掌握科学原理和方法，尊重客观事实。［单选题］

选项	小计	比例
A. 从不	24	0.12%
B. 偶尔	173	0.88%
C. 有时	801	4.06%
D. 经常	6408	32.49%
E. 总是	12319	62.45%
本题有效填写人次	19725	—

14. 我平时积极引导学生尝试运用所学知识去解决实际生活中的问题。［单选题］

选项	小计	比例
A. 从不	30	0.15%
B. 偶尔	152	0.77%
C. 有时	880	4.46%
D. 经常	6828	34.62%
E. 总是	11835	60.00%
本题有效填写人次	19725	—

15. 我鼓励学生在活动期间大胆质疑，并逐步形成探究意识和创新精神，从而完善和改进自己的认知和态度。［单选题］

选项	小计	比例
A. 从不	30	0.15%
B. 偶尔	187	0.95%
C. 有时	1056	5.35%
D. 经常	6832	34.64%
E. 总是	11620	58.91%
本题有效填写人次	19725	—

16. 我有意识地指导学生不轻信他人传言和不实信息。［单选题］

选项	小计	比例
A. 从不	69	0.35%
B. 偶尔	181	0.92%
C. 有时	900	4.56%
D. 经常	6569	33.30%

续 表

选项	小计	比例
E. 总是	12006	60.87%
本题有效填写人次	19725	—

17. 平时教学中，我会有意识地引导学生尝试完成有一定难度的任务或活动，培养学生的意志力和创新精神。［单选题］

选项	小计	比例
A. 从不	49	0.25%
B. 偶尔	409	2.07%
C. 有时	2207	11.19%
D. 经常	7274	36.88%
E. 总是	9786	49.61%
本题有效填写人次	19725	—

18. 教学中，我注意激发学生的好奇心和兴趣，带动学生自己动手、动脑，学会创造。［单选题］

选项	小计	比例
A. 从不	29	0.15%
B. 偶尔	204	1.03%
C. 有时	1290	6.54%
D. 经常	7271	36.86%
E. 总是	10931	55.42%
本题有效填写人次	19725	—

19. 我在工作之余坚持看专业书籍，不断提升自己的专业水平。［单选题］

选项	小计	比例
A. 从不	38	0.19%
B. 偶尔	407	2.06%
C. 有时	2276	11.54%
D. 经常	8026	40.69%
E. 总是	8978	45.52%
本题有效填写人次	19725	—

20. 我注重引导学生用多种方式进行学习和探究，从而获得丰富的知识和经验。［单选题］

选项	小计	比例
A. 从不	27	0.14%
B. 偶尔	195	0.99%
C. 有时	1325	6.72%
D. 经常	7560	38.32%
E. 总是	10618	53.83%
本题有效填写人次	19725	—

21. 我注重引导学生在学习过程中主动参与，积极合作。［单选题］

选项	小计	比例
A. 从不	25	0.13%
B. 偶尔	138	0.70%
C. 有时	870	4.41%
D. 经常	6983	35.4%

续表

选项	小计	比例
E. 总是	11709	59.36%
本题有效填写人次	19725	—

22. 我会引导学生正确对待自己的学习成绩。[单选题]

选项	小计	比例
A. 从不	29	0.15%
B. 偶尔	111	0.56%
C. 有时	729	3.70%
D. 经常	6910	35.03%
E. 总是	11946	60.56%
本题有效填写人次	19725	—

23. 我会对自己的教学工作进行总结和反思。[单选题]

选项	小计	比例
A. 从不	26	0.13%
B. 偶尔	136	0.69%
C. 有时	853	4.33%
D. 经常	7662	38.84%
E. 总是	11048	56.01%
本题有效填写人次	19725	—

24. 我帮助学生建立错题本，及时总结出错原因。[单选题]

选项	小计	比例
A. 从不	245	1.24%
B. 偶尔	752	3.81%

续表

选项	小计	比例
C. 有时	2455	12.45%
D. 经常	7066	35.82%
E. 总是	9207	46.68%
本题有效填写人次	19725	—

25. 我注重引导学生观察生活中的自然现象。[单选题]

选项	小计	比例
A. 从不	44	0.22%
B. 偶尔	431	2.19%
C. 有时	1600	8.11%
D. 经常	7672	38.89%
E. 总是	9978	50.59%
本题有效填写人次	19725	—

26. 我会鼓励学生通过图书、电视、网络等多种途径搜集所需要的资料。[单选题]

选项	小计	比例
A. 从不	61	0.31%
B. 偶尔	267	1.35%
C. 有时	1521	7.71%
D. 经常	7639	38.73%
E. 总是	10237	51.90%
本题有效填写人次	19725	—

27. 我有意识地引导学生分辨信息好坏，遵守网络道德基本规范。[单选题]

选项	小计	比例
A. 从不	40	0.20%
B. 偶尔	212	1.08%
C. 有时	1157	5.87%
D. 经常	7153	36.26%
E. 总是	11163	56.59%
本题有效填写人次	19725	—

28. 我会通过生活实例引导学生认识到网络带给学生的诱惑，了解网络陷阱的存在，使学生不沉迷于网络。[单选题]

选项	小计	比例
A. 从不	80	0.41%
B. 偶尔	251	1.27%
C. 有时	1374	6.97%
D. 经常	7169	36.34%
E. 总是	10851	55.01%
本题有效填写人次	19725	—

29. 在教学中，我会引导学生知道自己的生命来之不易，充分认识和理解人生的意义和生命的价值。[单选题]

选项	小计	比例
A. 从不	33	0.17%
B. 偶尔	188	0.95%
C. 有时	1102	5.59%
D. 经常	6795	34.45%

续表

选项	小计	比例
E. 总是	11607	58.84%
本题有效填写人次	19725	—

30. 我会要求学生每天按时睡觉、起床，养成健康良好的生活和行为习惯。[单选题]

选项	小计	比例
A. 从不	34	0.17%
B. 偶尔	128	0.65%
C. 有时	710	3.60%
D. 经常	6264	31.76%
E. 总是	12589	63.82%
本题有效填写人次	19725	—

31. 我会教育学生增强安全意识和提高自我保护能力，陌生人问路时要做到礼貌地指路而不带路。[单选题]

选项	小计	比例
A. 从不	59	0.30%
B. 偶尔	195	0.99%
C. 有时	920	4.66%
D. 经常	6618	33.55%
E. 总是	11933	60.50%
本题有效填写人次	19725	—

32. 在教学中，我会利用生活和网络资源教育学生远离毒品，珍爱生命，过积极健康的生活。［单选题］

选项	小计	比例
A. 从不	46	0.23%
B. 偶尔	220	1.12%
C. 有时	1137	5.76%
D. 经常	6406	32.48%
E. 总是	11916	60.41%
本题有效填写人次	19725	—

33. 您上课迟到过吗？［单选题］

选项	小计	比例
A. 从不	15993	81.08%
B. 偶尔	1841	9.34%
C. 有时	306	1.55%
D. 经常	644	3.26%
E. 总是	941	4.77%
本题有效填写人次	19725	—

34. 我一直重视引导学生自尊、自爱，经常反思自己的生活和行为。［单选题］

选项	小计	比例
A. 从不	38	0.19%
B. 偶尔	172	0.87%
C. 有时	887	4.50%
D. 经常	7079	35.89%

续表

选项	小计	比例
E. 总是	11549	58.55%
本题有效填写人次	19725	—

35. 我会利用学生遇到的一些小挫折引导学生增强抗挫折能力，树立应对挫折的信心和勇气。[单选题]

选项	小计	比例
A. 从不	39	0.20%
B. 偶尔	235	1.19%
C. 有时	1492	7.56%
D. 经常	7491	37.98%
E. 总是	10468	53.07%
本题有效填写人次	19725	—

36. 我会联系自己的经验和专业知识，引导学生管理自己的情绪。[单选题]

选项	小计	比例
A. 从不	43	0.22%
B. 偶尔	204	1.04%
C. 有时	1484	7.52%
D. 经常	7541	38.23%
E. 总是	10453	52.99%
本题有效填写人次	19725	—

37. 我在教学中注意引导学生发现和认识自己的特长和潜质。[单选题]

选项	小计	比例
A. 从不	30	0.15%

续表

选项	小计	比例
B. 偶尔	202	1.02%
C. 有时	1512	7.67%
D. 经常	7558	38.32%
E. 总是	10423	52.84%
本题有效填写人次	19725	—

38. 我引导学生要珍惜时间，学会合理地安排时间，养成良好的学习习惯。［单选题］

选项	小计	比例
A. 从不	23	0.12%
B. 偶尔	103	0.52%
C. 有时	664	3.37%
D. 经常	6541	33.16%
E. 总是	12394	62.83%
本题有效填写人次	19725	—

39. 在教学中，注重引导学生树立自己的小目标，并努力去实现。［单选题］

选项	小计	比例
A. 从不	28	0.14%
B. 偶尔	146	0.74%
C. 有时	1011	5.12%
D. 经常	7122	36.11%
E. 总是	11418	57.89%
本题有效填写人次	19725	—

40. 我注重培养学生做事认真负责、有始有终、不拖拉的良好习惯。[单选题]

选项	小计	比例
A. 从不	33	0.16%
B. 偶尔	90	0.46%
C. 有时	587	2.98%
D. 经常	6356	32.22%
E. 总是	12659	64.18%
本题有效填写人次	19725	—

41. 对于不遵守规则的学生，我会动之以情，晓之以理，引导学生逐步养成遵守规则的习惯。[单选题]

选项	小计	比例
A. 从不	25	0.13%
B. 偶尔	109	0.55%
C. 有时	686	3.48%
D. 经常	6577	33.34%
E. 总是	12328	62.50%
本题有效填写人次	19725	—

42. 我利用适当时机通过多种形式对学生进行感恩教育，教育学生主动关心和照顾父母。[单选题]

选项	小计	比例
A. 从不	27	0.14%
B. 偶尔	117	0.59%
C. 有时	850	4.31%

续表

选项	小计	比例
D. 经常	6589	33.40%
E. 总是	12142	61.56%
本题有效填写人次	19725	—

43. 我会在教学中培养学生的团体意识，引导学生与同学平等相处，真诚相待，互相帮助，友好交往。［单选题］

选项	小计	比例
A. 从不	22	0.11%
B. 偶尔	108	0.55%
C. 有时	646	3.28%
D. 经常	6509	33.00%
E. 总是	12440	63.06%
本题有效填写人次	19725	—

44. 我注重培养学生爱护班级和学校的公共设施，注意公共安全。［单选题］

选项	小计	比例
A. 从不	18	0.09%
B. 偶尔	94	0.47%
C. 有时	623	3.16%
D. 经常	6211	31.49%
E. 总是	12779	64.79%
本题有效填写人次	19725	—

45. 我们学校每学期都组织爱护环境、珍惜资源等公益活动。[单选题]

选项	小计	比例
A. 从不	212	1.08%
B. 偶尔	754	3.82%
C. 有时	2066	10.47%
D. 经常	6821	34.58%
E. 总是	9872	50.05%
本题有效填写人次	19725	—

46. 我们学校会组织丰富多彩的活动，培养学生在家庭、学校和社会生活中的责任担当意识。[单选题]

选项	小计	比例
A. 从不	120	0.61%
B. 偶尔	565	2.87%
C. 有时	1917	9.72%
D. 经常	7161	36.30%
E. 总是	9962	50.50%
本题有效填写人次	19725	—

47. 结合我国的历史，我引导学生了解中华民族的抗争史，树立奋发图强的爱国志向。[单选题]

选项	小计	比例
A. 从不	33	0.17%
B. 偶尔	264	1.34%
C. 有时	1471	7.46%

续 表

选项	小计	比例
D. 经常	6568	33.30%
E. 总是	11389	57.73%
本题有效填写人次	19725	—

48. 我们学校重视传统文化教育，经常组织相关的活动，引导学生热爱祖国优秀传统文化。［单选题］

选项	小计	比例
A. 从不	81	0.41%
B. 偶尔	327	1.66%
C. 有时	1319	6.69%
D. 经常	6833	34.64%
E. 总是	11165	56.60%
本题有效填写人次	19725	—

49. 我会对学生进行社会主义核心价值观教育。［单选题］

选项	小计	比例
A. 从不	37	0.19%
B. 偶尔	247	1.25%
C. 有时	1341	6.80%
D. 经常	6666	33.79%
E. 总是	11434	57.97%
本题有效填写人次	19725	—

50. 我会有意识地引导学生关注全球环境恶化、世界和平等问题，初步形成世界意识。[单选题]

选项	小计	比例
A. 从不	227	1.15%
B. 偶尔	402	2.04%
C. 有时	2015	10.22%
D. 经常	6898	34.97%
E. 总是	10183	51.62%
本题有效填写人次	19725	—

51. 我引导学生尊重文化的多样性，懂得不同民族、国家和地区有不同的生活方式和风俗习惯。[单选题]

选项	小计	比例
A. 从不	31	0.16%
B. 偶尔	340	1.73%
C. 有时	1977	10.02%
D. 经常	7074	35.86%
E. 总是	10303	52.23%
本题有效填写人次	19725	—

52. 我培养学生珍惜劳动者给我们的生活带来的便利，尊重社会各行各业的劳动者。[单选题]

选项	小计	比例
A. 从不	21	0.11%
B. 偶尔	183	0.93%

续 表

选项	小计	比例
C. 有时	1038	5.26%
D. 经常	6859	34.77%
E. 总是	11624	58.93%
本题有效填写人次	19725	—

53. 我鼓励学生积极参加学校、家庭、社区等组织的劳动。［单选题］

选项	小计	比例
A. 从不	30	0.15%
B. 偶尔	250	1.27%
C. 有时	1369	6.94%
D. 经常	7142	36.21%
E. 总是	10934	55.43%
本题有效填写人次	19725	—

54. 我建议学生在活动前制订计划并根据实际情况进行调整。［单选题］

选项	小计	比例
A. 从不	46	0.23%
B. 偶尔	328	1.66%
C. 有时	1894	9.60%
D. 经常	7351	37.27%
E. 总是	10106	51.24%
本题有效填写人次	19725	—

55. 对学生提出的问题和困惑，我引导他们提出自己的看法并自行寻找解决的办法。［单选题］

选项	小计	比例
A. 从不	32	0.16%
B. 偶尔	179	0.91%
C. 有时	1248	6.33%
D. 经常	7442	37.73%
E. 总是	10824	54.87%
本题有效填写人次	19725	—

56. 我给学生讲解和演习生活中可能遇到的紧急情况及应对方法。［单选题］

选项	小计	比例
A. 从不	35	0.18%
B. 偶尔	294	1.49%
C. 有时	1887	9.57%
D. 经常	7521	38.13%
E. 总是	9988	50.63%
本题有效填写人次	19725	—

57. 我会把生活中出现的新的科技产品介绍给学生或应用于课堂教学。［单选题］

选项	小计	比例
A. 从不	214	1.08%
B. 偶尔	891	4.52%
C. 有时	3390	17.19%

续表

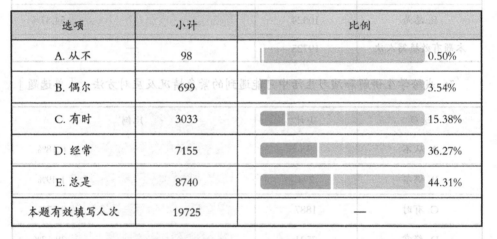

选项	小计	比例
D. 经常	6882	34.89%
E. 总是	8348	42.32%
本题有效填写人次	19725	—

58. 我鼓励学生利用身边的材料自制小玩具、小礼物，用来美化生活环境。[单选题]

选项	小计	比例
A. 从不	98	0.50%
B. 偶尔	699	3.54%
C. 有时	3033	15.38%
D. 经常	7155	36.27%
E. 总是	8740	44.31%
本题有效填写人次	19725	—

59. 我鼓励学生将生活中的废弃物分类回收并重复利用。[单选题]

选项	小计	比例
A. 从不	68	0.34%
B. 偶尔	483	2.45%
C. 有时	2226	11.29%
D. 经常	7094	35.96%
E. 总是	9854	49.96%
本题有效填写人次	19725	—

60. 您是山东省哪一个市的老师？[填空题]

（略）